姬国君 —— 著

课堂/评价

与初中生创造力发展

CLASSROOM
EVALUATION
AND CREATIVITY
DEVELOPMENT OF
JUNIOR HIGH
SCHOOL STUDENTS

社会科学文献出版社
SOCIAL SCIENCES ACADEMIC PRESS (CHINA)

　　本书为国家社会科学基金教育学青年课题"促进初中生创造力发展的课堂评价研究"（CHA200263）的成果。

前　言

　　教育评价事关教育发展方向，是教育改革的核心环节。课堂评价作为教育评价的重要组成部分，是促进学生高质量学习与创造力发展的关键。2019年6月，中共中央、国务院印发《关于深化教育教学改革全面提高义务教育质量的意见》，标志着我国教育改革迈入了高质量发展阶段。2020年10月，中共中央、国务院颁布的《深化新时代教育评价改革总体方案》指出，要扭转不科学的教育评价导向，坚决克服教育评价中唯分数、唯升学、唯文凭等顽瘴痼疾。这表明当前教育评价还存在偏离应有发展轨道、游离于教育教学之外的现象，我国亟须对各级各类教育评价开展进一步改革。课堂是学生学习的主要场域，课堂评价作为学生综合素质评价的重要形式，对提高学生学习质量与促进学生创造力发展具有明显的驱动作用。

　　依据研究主体理论与实践需要，本书在理论上分别对创造力研究和课堂评价研究的主要成果进行梳理与评析。以此为基础，分别对人的全面发展理论、主体性教育理论、多元智能理论、发展性教育评价理论和初中学生发展特点进行分析。在实践上，通过问卷调查、教师访谈和课堂观察，发现虽然各项调查的结论在一些方面存在分歧，但是在许多方面（如促进学生学习、创造力发展等）较为一致，这些共通之处将成为研究促进初中生创造力发展的课堂评价的核心要素、基本原则、依据标准及建构促进初中生创造力发展的课堂评价的框架模型的重要依据。

　　课堂评价是指教师在课堂上为了判断学生的学习状况、反观自己的教学效果，促进学生高质量学习与创造力发展而进行的信息收集、分析和利用的活动。由于我国教育系统长期关注外部总结性评价，课堂评价始终没有得到应有的重视，其内在的价值和相对独立性未能真正彰显。本书进一步反观课堂评价实践案例，发现课堂评价存在被漠视、教师引出评价信息的意识淡薄、信息的收集方法不恰当、交流和反馈技术相对欠缺等问题，并对其进行归因分析，希冀探寻出一条可能的优化课堂评价的路径。

本书涉及促进初中生创造力发展的课堂评价的现状调查、核心要素和基本原则等内容，尝试以评价目标为中心，结合收集评价信息、分析与诠释相关信息、给予有效评价反馈与调节等构建一个促进初中生创造力发展的课堂评价框架模型，以期通过课堂评价的"落地"生长促进初中生创造力发展。

本书吸收了关于创造力发展和课堂评价的较多研究成果，参阅了较多的文献资料，也吸收了许多初中教师的实践智慧。在此，谨对这些研究成果的创造者、这些文献资料的作者以及这些初中教师表示衷心的感谢！同时，社会科学文献出版社有关领导和同志提供了宝贵建议与支持，正是因为他们的大力支持与辛勤付出，本书才得以及时、顺利地出版，向他们致以最诚挚的感谢！

由于作者水平有限，而且时间较紧，本书难免有疏忽、纰漏乃至错误之处，恳请读者们体谅与提出宝贵的建议。

姬国君

2024 年 6 月于河南大学

目　录

绪　论

一　促进初中生创造力发展的课堂评价研究缘起

开展促进初中生创造力发展的课堂评价是当今教育改革中的关键议题。《国家中长期教育改革和发展规划纲要（2010—2020 年）》明确提出要注重培养学生的创新精神和实践能力。《国家教育事业发展"十三五"规划》（以下简称《规划》）也强调，要"从中小学做起，注重激发学生学习兴趣、科学兴趣和创新意识"。同时，《规划》还提出要"完善创新创业教育课程体系和管理制度，引导鼓励学生积极参与创新活动和创业实践"。此外，新课程改革强调要改变传统的教学方式，注重学生的自主学习和合作探究，这都为促进初中生创造力发展提供了政策支持。创新思维和创造性能力是未来社会发展的核心需求，而教育的目标之一是培养具有创造力的人才。2017 年，中共中央办公厅、国务院办公厅印发《关于深化教育体制机制改革的意见》，在培养学生基础知识和基本技能以及强化学生关键能力培养方面提出："培养创新能力，激发学生好奇心、想象力和创新思维，养成创新人格，鼓励学生勇于探索、大胆尝试、创新创造。"然而，现有教育体系和评价方式往往限制学生创造性思维的发展。本书旨在探讨如何从综合素质评价的角度，通过课堂评价这一教育实践工具激发和培养初中生的创造力。针对此目标，本书的研究将深入探讨国内外创造力研究和课堂评价研究的状况，进而分析促进创造力发展的课堂评价理论和如何构建促进初中生创造力发展的课堂评价的框架模型。

（一） 研究背景

通过课堂评价促进初中生创造力发展是当今青少年创造力发展的趋势，课堂评价在帮助初中生发展创造力中发挥积极作用，促进课堂创新性多样化建设。"创新是一个民族的灵魂，是一个国家兴旺发达的不竭动力。"① 现在国家的竞争归根结底是人才的竞争，特别是创新型人才的竞争，而创新型人才培养的核心在于创造性思维的培养。

随着社会的发展，培养学生创造性思维成为时代发展的需要，也是教育改革的方向和要求。学校如何通过改革教学模式，使培养出来的人具有高素质、富有创造力，能适应知识经济发展的需求，是摆在教育面前的一个大问题。我国应试教育占据了校园几十年，僵化的教育模式在很大程度上会扼杀学生的创造力，这些不能不引起教育研究者和工作者们的深思。随着我国科技发展和人才培养的需要不断增强，越来越多的人认识到创造性教育的重要性，从而努力钻研创造性教育理论并进行教学实践，培养学生的创造性思维也成为教育改革中的重中之重。我国近几年提出的素质教育立足于培养学生个性、发展学生创造性思维，把培养创造型人才作为教育的首要任务。

（二） 问题的提出

课堂是实现国家教育目的、促进学生生命成长之所在。任何教育改革美好目标的实现必将落到课堂及评价方式的变革上，否则终将是空中楼阁，昙花一现。聚焦课堂、研究课堂是整个教育改革无法回避的环节。目前在我国深入推进综合素质评价的背景下，改革以中高考为核心的总结性评价方式依然是重中之重，这种评价方式对教学和学习起到的导向和控制作用是间接的，距离一线课堂太远，是面向学生过去的评

---

① 江泽民：《论科学技术》，中央文献出版社，2001，第215页。

价，并不能真正有效地促进学生发展。而学校课堂层面的评价与学生日常学习紧密相关，是面向学生现在与未来的评价，具备在真正意义上促进学生创造力发展的评价功能。课堂评价是一种促进学生学术能力发展的过程性评价，可以在一定程度上改变以往教育体系过度注重总结性评价的局面。

可见，在初中生创造力发展背景下关注课堂评价具有重要意义。因此，本书紧紧围绕着"何为促进初中生创造力发展的课堂评价"这一基本问题，分解出以下四个主要方面的子问题。

第一，研究的基本问题关涉到了两大研究主题"创造力"和"课堂评价"，为此需要对两大主题的主要论题进行分析，即分析国内外关于创造力与课堂评价的研究进展怎么样、国内外课堂评价的总体状况如何，并进而阐释其涉及的主要理论基础有哪些，它们之间又有怎样的逻辑关系。

第二，由于关涉到了两大研究主题"创造力"和"课堂评价"，故而需分别阐释核心素养视角下的课堂评价研究是什么样的，关于学科教学、促进学习的课堂评价研究是什么样的，课堂评价及其存在的问题有哪些，并基于此从学生学术能力视角阐释创造力与课堂评价的关系又是什么。

第三，基于促进初中生创造力发展的课堂评价及其应然趋向、对课堂评价及其存在的问题的分析，找出在走向综合素质评价背景下对促进初中生创造力发展的课堂评价的理论分析的具体内容包括哪些，并尝试探寻其涉及的主要知识基础又有哪些。

第四，依据以上对相关文献综述、理论基础、问卷调查结果与教师访谈、主体关系、理论分析和知识基础等内容的系统阐释，提出促进初中生创造力发展的课堂评价的框架模型如何构建的问题，并在案例中对各个研究环节涉及的内容进行检验与反思等。

在此需要强调的是，在促进初中生创造力发展的课堂评价中包括教师和学生两个主体，他们由于所处的立场不同，所以对促进学生学术能力发展的课堂评价有不同的理解和经验。本书是站在学生学术能力发展的立场上审视促进初中生创造力发展的课堂评价的。

二 核心概念的内涵界定

促进初中生创造力发展的课堂评价需要关注学生五大维度的发展与进步，尤其是要关注学生的学习与发展。因此，本书强调必须坚持人的全面发展，并以综合素质为依托，关注学生创造力的培养，进而对学生进行发展性的课堂评价。在此基础上，本书希望能对研究所涉及的核心概念实现全面而又深入的理解与界定。

（一）创造力

国内外关于创造力的经典阐述有很多，比如在 19 世纪以前，伏尔泰（Voltaire）提出了关于创造力的一个重要概念——想象力，并将其分解为三个层次：消极想象、积极想象和创造想象。国内的创造力理论研究者主要有颜元、陶行知、刘道玉等。对陶行知先生在创造力方面的教育思想和理论的研究较多。他的创造力思想和理论是很丰富的，刘国清等人将此总结为：以"行者知之始，知者行之成"为理论依据；以生活教育为主要内容，着重强调"教学做合一"；通过"六大解放、三大需要和一个条件"培养学生创造力，积极采用启发、自主和手脑并用等方法进行创造教育。[①]

西方有关创造力的理论更为具体，主要有赫尔巴特（J. F. Herbart）的兴趣说，斯滕伯格（R. J. Sternberg）的创造力理论——三侧面（智力、智力风格、人格）模型、内隐理论和投资理论，维果斯基（Lev Vygotsky）的创造力理论以及艾曼贝尔（T. M. Amabile）的创造力系统观等。

随着人们对智力认识的不断深入，新的智力理论也不断产生，尤其引起教育教学界重视的、对教育教学改革影响最深远的是美国哈佛大学教授、发展心理学家加德纳（Howard Gardner，又译为"加登纳"）于

---

① 刘国清、陈欣：《陶行知创造教育思想及其现实意义》，《成都教育学院学报》2005 年第 2 期，第 60~62 页。

20 世纪 80 年代提出的多元智能理论，他认为人的智能由 7 种紧密关联但又相互独立的智能组成，它们是言语-语言智能、音乐-节奏智能、逻辑-数理智能、视觉-空间智能、身体-动觉智能、自知-自省智能、交往-交流智能。多元智能理论的广阔性和开放性对于我们正确全面地认识学生具有很高的借鉴价值，需要教师在以促进学生发展为终极关怀的前提下，从不同的视角、不同的层面去看待每一个学生，而且要促进其优势智能领域的优秀品质向其他智能领域迁移，教师评价学生不能以传统的文化课学习成绩与能力为唯一的标准和尺度。

艾曼贝尔的创造力系统观认为，创造力是工作动机、相关领域的创造技能和领域技能三方面共同作用的结果。[①] 创造力系统观强调多种构成因素的相互作用，具体包括个体知识背景、认知风格、人格特质、动机乃至整个社会、文化等大背景。斯滕伯格提出与创造力相关的三侧面模型。第一个侧面是指与创造力有关的智力，第二个侧面是指与创造力有关的智力运用方式，第三个侧面是指与创造力有关的人格特质。其中的第一个侧面所指的智力又分"内部关联型智力"、"经验关联型智力"和"外部关联型智力"等几种。

田友谊认为创造教育是一种系统化的教育，不仅要重视个体因素，还要重视社会和文化的因素。[②] 创造力系统观是现在及未来的发展方向，会有越来越多的研究者对其进行研究，并且研究会越来越深入。因为创造力的发展并不仅受学生个体因素的影响，它是学生个人及其所处环境等诸多因素综合作用的结果，而在这个综合作用的过程中，初中生创造力发展是个人创造力发展主要的影响因素及途径之一，所以对此进行研究是新时代教育转型中主要且迫切的任务。

我国学者林崇德也从创造产品和成果的角度提出了自己的创造力定义：创造力是根据一定目的，运用一切已知信息，产生出某种新颖、独

---

① 〔美〕特丽萨·M. 艾曼贝尔：《创造性社会心理学》，方展画等编译，上海社会科学院出版社，1987。
② 田友谊：《创造力系统观及其对创造教育的启示》，《清华大学教育研究》2006 年第 1期，第 106~113 页。

特、有社会或个人价值的产品的能力。① 这里的产品是指以某种形式存在的思维成果或物化成果，它可以是科学发现如新概念、新思想、新理论、新观点观念，也可以是技术发明如新技术、新产品、新工艺。产品质量的判断标准是，产品是否新颖、独特，是否具有社会或个人价值。需要强调说明的是，学生的学习与发展是创造力发展的原动力，这是一种知识、智力和人格等方面的动态且螺旋上升的综合力量。

（二）课堂评价

从词源学来看，英语中的"评价"（assess）这个词源于拉丁语单词"assidere"，其意为"和某人坐在一起"。由此可以推断出，评价包含我们"和学生一起"以及"为学生"提供支持和帮助的过程，而不仅仅是"对学生"的表现做出优劣判断的过程。德拉蒙德（Drummond）② 和斯沃菲尔德（Swaffield）③ 的观点也与此相似。除了在词源学上对评价进行考察之外，还有诸多评价专家对此进行了专业定义。例如，马什（Marsh）提出："评价通常用来描述教师运用收集到的关于学生的知识、技能和态度的信息的活动。"④ 阿来萨（Airasian）也提出："评价是指收集、分析、解释信息并做出决定的过程。"⑤ 将评价的概念界定得最为全面和较为清楚的应是贝里（Berry），她在对评价本质进行深刻洞察分析的基础上，提出评价应是教师和学生收集信息、分析和解释信息、进行推断、做出明智的决定、采取正确的行动改进教学和学习的一种有意识和有系统的活动。⑥ 上述对评价的界定都将评价看作收集学生学习证据

① 林崇德：《培养和造就高素质的创造性人才》，《北京师范大学学报》（社会科学版）1999 年第 1 期，第 5~13 页。

② Drummond, M., *Assessing Children's Learning* (London: David Fulton, 2003), p. 13.

③ Swaffield, S., "Getting to the Heart of Authentic Assessment for Learning", *Assessment in Education: Principles, Policy & Practice* 18 (4), 2011: 433-449.

④ Marsh, C., *Key Concepts for Understanding Curriculum* (London: Falmer Press, 1997), p. 169.

⑤ 〔美〕Peter W. Airasian：《课堂评估：理论与实践》（第四版），徐士强等译，华东师范大学出版社，2008，第 9 页。

⑥ Berry, R., *Assessment for Learning* (Hong Kong University Press, 2008), p. 6.

的一个过程，并将"学习证据"作为评价概念的核心，同时也揭示了评价的内在本质是"关注学习""促进学习"等，为我们全面深入理解评价的内涵提供了一定的依据。

　　评价被运用到课堂领域中后便衍生出了课堂评价一词，国内外学者对此也进行了不同的含义阐释。例如，国外学者古斯基（Guskey）认为："课堂评价是指围绕学校日常教学活动的各种评价形式的总称。"① 我国大部分学者认为，课堂评价中要发挥学生在评价上的主体作用，开展客观记录典型作品、学习反思等活动，同时也发挥教师的辅助评价作用。在此，课堂评价主要是对学生的评价，但也含有对教师的评价，评价的目的主要是对学生学习与发展、教师教学效果进行一种价值判定。然而也有学者持有与此不同的认识。例如，沈玉顺认为课堂评价是指教师为了判断学生的学习情况、了解自己的教学效果、促进学生的有效学习而开展的对学生学习信息的采集、分析和利用活动。② 又如，覃兵认为课堂评价的定义有狭义和广义之分，狭义的课堂评价是指课堂中的语言点评活动，而广义的课堂评价是指对学生的学习情况、参与活动情况的了解、总结与反馈等。③ 显然，在这里两位学者认为课堂评价的对象是学生，进一步说，课堂评价是指对学生课堂学习情况的评价。评价的目的是促进学生的学习与发展，而不仅仅是做出价值判断。

　　在后现代主义看来，这个世界是开放的、多元的，且具有可转变性。五彩缤纷的现实世界应该包容每一个学生的奇思妙想。在这个以创新为时代精神的社会里，科学技术日新月异，各种新鲜事物层出不穷，创新已经成为社会、个人发展的动力源。承认开放性，也就为人充分展示生命的本真提供了大舞台。后现代主义以其兼容并包的宽容态度和尊重个体主体性的宽广胸怀，给生活在这个世界中的每个人开放了生命的空间。后现代主义注重过程的思想、目的与手段统一的观点均认为个体是在活动的过程中才得以不断发展的。

---

① Guskey, T., "Making Standards Work", *The School Administrator* （9）, 1999：44.
② 沈玉顺编著《课堂评价》，北京师范大学出版社，2006，第1页。
③ 覃兵：《课堂评价策略》，北京师范大学出版社，2010，第5页。

课堂教学不仅要注重结果，更要注重过程。从教学本体论的观点来看，活动是教学开展的基础。基于师生共同活动之上的课堂教学评价对学习者来说不仅是对现时状况的价值判断，还是开展下一步学习活动的逻辑起点和生长点，其功能在于在促进学生充分发挥主体能动性，积极地参与教育教学活动的基础上，促进下一步教学活动的有效开展。所以，课堂教学评价的目的在于教学，不在于选择和判断。

鉴于此，在课堂评价中，要对"课堂"事先有一个明晰的界定："课堂"是具有一定限定区域的，是指在教室等特定区域发生的教育教学与学习活动。所以，不能片面理解课堂评价的评价对象和评价目的。进一步来说，课堂评价不同于课堂教学评价，而是对学生学习和教师教学的评价；也不同于智商测验等具有心理或能力倾向的评价，而是一种促进学生学习与教师教学发展的评价；重点不在于价值判断，而在于收集学生的学习和教师的教学的相关信息并综合运用信息以促进学生学习和教师发展。概而言之，课堂评价是指要发挥学生在评价上的主体作用，开展客观记录典型作品、学习反思等活动，同时也发挥教师的辅助评价作用，通过观察和交流等方式，收集学生的典型学习行为相关信息，为学生的学习与发展以及教师的教学改进等提供证据支持。

（三）综合素质

何谓综合素质？这是我们在进行综合素质评价相关研究时首先要回答的重要问题。概览目前学界对综合素质概念的探讨，整体可以归纳出三种观点。一是将综合素质看作"非学术性能力"。例如，崔允漷、柯政提出："教育部以及各地对综合素质具体内容的理解相差很大，但是存在着一个很大的相同之处，那就是基本上大家都把综合素质理解成了非学术能力表现。"[①] 二是将综合素质看成"个性整体素质"。例如，李雁冰认为："综合素质评价的对象是每一个学生的个性整体，综合素质

[①] 崔允漷、柯政：《关于普通高中学生综合素质评价研究》，《全球教育展望》2010 年第 9 期，第 3~8、12 页。

不是各类素质的组合、组装，不是整体等于部分之和，而是发现不同素质间的内在联系，使之融合起来变成个性整体。"① 三是认为学生的综合素质由"学术能力"和"非学术能力"两部分构成。例如，刘志军提出综合素质是一个独特个体所呈现出来的内在、有机、互融的整体性素质，它应涵括德、智、体、美、劳等诸多方面，因而是一种系统性、关联性、个性化的存在。② 总体而言，学界关于综合素质的内涵界定尚未形成一个统一的认识，但已清晰地认识到将综合素质理解为某种"非学术能力表现"是失之偏颇与狭隘的，必须将综合素质视为学生"学术能力"和"非学术能力"的统一体。因而，若评价局限于某一端或某一极，则不能称之为学生的综合素质评价。需要说明的是，在本书中学生的学术能力主要是指在课堂中学生所展现出的学习能力。

关于综合素质评价的概念界定，从政策层面看，《教育部关于加强和改进普通高中学生综合素质评价的意见》提出："综合素质评价是对学生全面发展状况的观察、记录、分析，是发现和培育学生良好个性的重要手段，是深入推进素质教育的一项重要制度。"从学理层面看，综合素质评价是一个过程和手段，其重要意义并不在于罗列一个学生的全部素质内容，而主要是通过这些内容，对学生的整体素质形成一个综合性评判或评估。秦春华和林莉持有类似的观点，其具体表述为："综合素质评价的着力点，一定不能放在具体的内容上，而要引导学生尽可能去发现自己的兴趣，做自己最喜欢的事情，发掘出自身特殊的闪光点和潜力，从而帮助学生从单纯的考试训练中解放出来，实现自身的全面发展。"③ 此外，综合素质评价应当成为高一级学校在招生时所秉承和遵守的一种人才选拔和评价理念，即对学生的"学术能力"和"非学术能力"进行整体性评价和专业化评判。正确开展综合素质评价有利于初中

---

① 李雁冰：《论综合素质评价的本质》，《教育发展研究》2011 年第 24 期，第 58~64 页。
② 刘志军：《关于综合素质评价若干问题的思考》，《课程·教材·教法》2016 年第 1 期，第 40~44 页。
③ 秦春华、林莉：《高考改革与综合素质评价》，《中国大学教学》2015 年第 7 期，第 15~21 页。

生的个性发展，要有发现学生特点的"眼睛"，给予正确评价；在课堂中要多给予鼓励性评价，给学生参与的机会，让他们切实体会课堂；同时作为教育者要具备良好的教师课堂评价素养，打造更有艺术性、创造性的课堂，激发学生积极性；在学习过程中灵活选择与使用形成性评价也能促进学生学习能力与创造力发展。

三 促进初中生创造力发展的课堂评价的研究意义

本书的研究聚焦于课堂层面的促进学生学习与发展的评价，在理论与实践中具有重要意义。

（一）理论意义

本书通过对关于学生创造力发展和课堂评价的文献的梳理与评析，结合教育学、创造学和知识学等学科的理论，探寻学生创造力发展的重要路径之一——课堂评价。在新时代教育评价改革背景下，其理论意义如下：第一，立足于中国从世界创造力格局的边缘稳步走向中心、由创造力大国转向创造力强国的背景，充实并完善现代创造教育理论体系，探索学生创造力发展的本土化理论和课堂评价的相关理论；第二，从课堂评价的角度来探寻学生创造力发展的路径，可以丰富并拓展创造教育理论，适切地指导新时代教育评价改革背景下学生创造力的发展；第三，有助于我们全面认识相关领域研究的地位与价值，并在理论层面上围绕其进行充分的思考和建构。

（二）实践意义

在过往研究者的实践基础上，本书的实践意义主要有：第一，梳理与评析关于创造力和课堂评价的研究成果，探寻出实践发展轨迹；第二，深入分析创造力发展的多种策略，探析课堂评价的内在机理，积极探索促进初中生创造力发展的课堂评价策略；第三，建构出促进初中生创造力发展的课堂评价的框架模型，并借此探寻出真正能够促进学生创造力发展的策略。

四　促进初中生创造力发展的课堂评价的研究设计

本书紧紧围绕着研究主题"促进初中生创造力发展的课堂评价"设计研究,具体研究设计主要包括研究目标、研究内容、研究方法、重点难点和创新之处等。

（一）研究目标

为了培养新时代所需的创新型人才,国家进行了一系列的教育评价改革。2020 年,中共中央、国务院印发《深化新时代教育评价改革总体方案》,明确教育评价改革思路,提出改革措施,改进评价标准和内容,引导各级各类学校认真落实立德树人根本任务。其要求改革学生评价,促进德智体美劳全面发展,具体来说,要求树立科学成才观念,坚持以德为先、能力为重、全面发展,坚持面向人人、因材施教、知行合一,坚决改变用分数给学生贴标签的做法,创新德智体美劳过程性评价办法,完善综合素质评价体系,切实引导学生坚定理想信念、厚植爱国主义情怀、加强品德修养、增长知识见识、培养奋斗精神、增强综合素质。如果要在初中教育阶段特别是在综合素质评价背景下使其"落地",那么课堂就是一个非常重要的实践场域,其中课堂评价则是重要的途径及驱动力。"通过课堂评价促进初中生创造力发展"这一总目标,可以分解为以下四个子目标。

第一,立足于学生创造力发展,不断充实和完善现代创造教育理论体系。创造力理论包括斯滕伯格的创造力理论、维果斯基的创造力理论、艾曼贝尔的创造力系统观等。通过课题研究,本书致力于对现代创造教育理论体系进行丰富和完善。

第二,构建有效促进初中生创造力发展的课堂评价的框架模型。目前尚未有关于如何通过课堂评价有效促进初中生创造力发展的研究,我们希望通过理论探索和实践调查,构建相关框架模型。

第三，通过实践研究反哺理论研究，始终以理论和知识基础引领实践。通过问卷调查、访谈调查、课堂观察和案例研究，呈现和说明促进初中生创造力发展的课堂评价的核心要素、知识基础，以及框架模型在真实课堂中的运作过程，剖析其中的经验和不足，进而对该框架模型进行调整和修正。

第四，帮助和指导教师在课堂教学中应用有效的课堂评价，提升其评价素养。在课堂评价中如何促进初中生创造力发展是基础教育改革所面临的重要议题，也是当前初中学校和老师共同关注且尚需解决的难题，我们致力于为其提供相关建议，从而帮助教师提升自身的课堂评价素养，最终有效促进学生的创造力发展。

（二）研究内容

1. 研究对象

本书的研究对象是课堂评价，旨在使课堂评价更好地促进初中生创造力发展，聚焦于"初中生"。初中生已经进入青少年发展阶段，心理和生理发展都比较迅速，再加上大多数初中生的思维特点由形象思维向抽象思维过渡，逻辑思维能力处于初步形成阶段，在这个阶段来培养他们的创造力，就显得尤为重要。故而课堂评价的核心是教师在日常的教学课堂情境中通过对学生学习的评价促进其创造力发展。

2. 总体框架

本书的总体框架如图 0-1 所示。

本书遵循"why—what—how"的经典逻辑，主要回答以下三个问题。首先回答"为什么要研究促进初中生创造力发展的课堂评价"，对"why"做出回应。该部分包括理论基础、初中生创造力发展及其现状、课堂评价及其当前存在的问题。其次回答"研究促进初中生创造力发展的课堂评价的什么内容"，对"what"做出回应。该部分包括初中生创造力发展与课堂评价的基本关系、促进初中生创造力发展的课堂评价的核心要素和知识基础。最后回答"如何研究促进初中生创造力发展的课堂评价"，对"how"做出回应。该部分包括关于促进初中生创造力发展

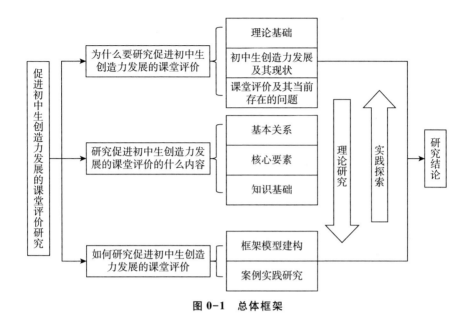

图 0-1　总体框架

的课堂评价的框架模型建构和案例实践研究。本书研究的最终目的是改善课堂评价生态，为通过课堂评价促进初中生创造力发展提供理论依据和智力支持。

（三）研究方法

1. 文献研究法

通过收集、整理和分析研究主题的相关文献，从中梳理出创造力和课堂评价的相关理论，为本书的研究寻找坚实的理论支撑；从文献中系统了解初中生创造力发展现状和课堂评价存在的问题，从而有针对性地确定调查工具和选择研究案例，以便更好、更深入地把握实践现状和问题症结，推动研究深入开展。

2. 调查研究法

依据研究的内在属性与要求，进行调查研究。首先，根据本书研究实际，对学生进行基于自主编制问卷（包括学习目标、学习内容、学习方法、学习能力、学习态度和学习效果等六个维度；此外，在问卷的最后还设计了关于课堂评价总体状况的一些问题）的问卷调查。调查对象为初中阶段学生，涵盖初一、初二和初三3个年级的学生。该问卷调查采用分层抽样和整群抽样相结合的方法，从上海市、郑州市、开封市和昆明市共抽取 8 所学校的学生，这些学校皆是实施综合素质评价的学校。样本容量为学生 1150 名。其次，自主编制访谈提纲，访谈对象是上述 8 所学校中的 24 名教师（在每所学校中从初一、初二、初三年级各抽取 1 名教师）。访谈对象覆盖了任教不同学科的教师，同时，我们着重考虑到了骨干教师和青年教师等的差别，对其分别进行访谈。最后，结合问卷调查和访谈调查的情况，深入郑州和开封等城市初中学校的一线课堂开展观察活动。

3. **案例研究法**

课堂评价是针对学生学习与发展的一种及时有效的评价方式，学校在日常教学实践活动中也在充分地运用它并发挥其重要的育人价值，其不仅能够改善学生的学习状况、促进学生的发展，还可以促进教师改进教学，在推进学生综合素质评价常态化中也有着不可替代的地位和作用。本书选取郑州市 Z 中学七、八、九年级①作为案例研究对象，这是由于郑州市 Z 中学是河南省教育厅人才培养模式创新项目实验学校，是教育改革的领航者。本书对其课堂评价实施情况以案例呈现的形式进行具体问题具体分析，进而进行框架模型构建并对其进行调适。

（四） 重点难点

本书研究的重点是阐明初中生创造力发展与课堂评价的基本关系，展示促进初中生创造力发展的课堂评价的知识基础、框架模型以及案例研究。

本书研究的难点是围绕着"如何通过课堂评价促进初中生创造力发展"这一核心问题开展框架模型构建与案例实践研究。为此，本书从框架模型构建逆推出研究主题的知识基础和核心要素，进而顺势继续逆推初中生创造力发展与课堂评价两者所涉及的基本关系等。

---

① 即初一、初二、初三年级。

（五）创新之处

本书希望深入研究促进初中生创造力发展的课堂评价的核心要素、知识基础，构建相关框架模型，为初中生创造力发展和课堂评价提供智力支撑，这是以往的相关研究所未能系统关注的，因此，本书具有较高的创新价值，具体来说其主要体现在两方面。

第一，研究的视角独特。相较于已有学者的研究，本书更多立足于学生全面而有个性发展的目标要求，加强对课堂评价与初中生创造力发展的整体研究，重点关注如何通过课堂评价促进初中生创造力发展，开辟了基础教育改革背景下课堂评价研究的新视角。

第二，研究的思路新颖。本书深入回答为什么要研究促进初中生创造力发展的课堂评价、研究促进初中生创造力发展的课堂评价的什么内容、如何研究促进初中生创造力发展的课堂评价等关键性问题，着重探寻促进初中生创造力发展的课堂评价的理论和知识基础，深入揭示其背后蕴藏的逻辑规律，最终形成促进初中生创造力发展的课堂评价的框架模型，以此为课堂评价提供相应的理论支撑和智力保障。

第一章 创造力研究与课堂评价研究的
文献分析及述评

本章的文献综述主要涉及创造力研究和课堂评价研究这两大主题。首先讨论国内外创造力研究的发展历程，并对其进行评析，内容涉及国内外创造力研究的历史演变差异、研究内容差异和研究方法差异；接着转向课堂评价研究这一主题，阐释评价的含义，并对课堂评价研究进行总结与分析，分析对象具体包括核心素养视角下的课堂评价研究、学科教学的课堂评价研究、促进学习的课堂评价研究、课堂评价存在的问题和策略研究。

一 创造力研究的发展历程及差异分析

由于创造力本身的复杂性以及当前研究进展的有限性，目前很难为创造力给出一个全面而又适切的定义，对于创造力的内涵我们可以尝试从以下几个方面进行全面的理解。

创造力是人类所独有的综合性本领，同时它的重要性不言而喻。因此，创造力受到广泛关注，人们对其进行了诸多相关研究，但目前还没有形成一个较为统一的创造力概念定义。例如，著名心理学家斯滕伯格等人认为创造力是一种提出或者产生具有新颖性（原创性）和适切性（有用性）的工作成果的能力。① 而我国学者夏征农和陈至立主编的

① Sternberg, R. J., Lubart, T. I., *The Concept of Creativity: Prospects and Paradigms* (New York: Cambridge University Press, 1999), pp. 3–15.

《辞海》对创造力做出了这样的界定："创造力是指从事创造性活动并获得创造性成果的能力，包括对已有的知识和经验进行科学的加工和创造，产生新概念、新知识、新思想的能力；大体上由感知力、记忆力、思考力、想象力四种能力所构成，是人类自我实现的基本素质。"① 林崇德等人主编的《心理学大辞典》提出，创造力是个体不受成规的束缚而能灵活运用知识和经验，产生新思想或发现和创造新事物的能力，以及成功完成某种创造性活动所必需的心理品质。② 丁念金认为创造力是基于现有信息和经验产生新颖而适切的工作成果的能力。他进一步提出，新颖是指相对于现有的信息而言是新的；适切是指恰当，适合于解决需要解决的问题；工作成果包括观念、设想、方法或产品等。③ 陈航等人认为，合理选择创造性的学习内容，构建真实复杂的问题解决过程并适当融入运用创造性思维的训练，能进一步提升学生创造力的培养效能。④

（一）国内外创造力研究的发展历程

本部分首先阐释国外创造力研究的三个发展阶段——零散研究阶段、单领域突破阶段、深化与整合阶段，其次阐释国内创造力研究的三个发展阶段——艰难探索阶段、综合推广阶段、深化研究阶段。

1. 国外创造力研究的发展历程

关于国外创造力研究的发展历程，一些学者已经有所研究。例如，创造力学者刘道玉将其分为四个阶段：初期阶段、发展阶段、普及阶段与深入阶段。⑤ 学者庄寿强等人认为其包括三个阶段：萌芽阶段（19世

① 夏征农、陈至立主编《辞海》（第六版），上海辞书出版社，2009，第326页。
② 林崇德、杨治良、黄希庭主编《心理学大辞典》（上），上海教育出版社，2003，第152页。
③ 丁念金：《教师创造力发展的文化分析》，《全球教育展望》2015年第2期，第45~53页。
④ 陈航、陈郑伟、何善亮：《面向创造力培养的项目化学习设计及影响研究》，《教学与管理》2023年第8期，第91~95页。
⑤ 刘道玉：《创造教育概论——谈知识·智力·创造力》，湖北教育出版社，2001，第31页。

纪以前)、近代阶段（19 世纪至 20 世纪 30 年代)、现代阶段（20 世纪 40 年代以来)。① 纵观国外创造力研究发展历程并结合已有学者的研究成果，笔者将其分为三个发展阶段：零散研究阶段（20 世纪以前)、单领域突破阶段（20 世纪初至 20 世纪 60 年代)、深化与整合阶段（20 世纪 70 年代以来)。

(1) 零散研究阶段：20 世纪以前

在这一时期创造力研究大部分是一种自发的相对简单和零散的活动，还称不上真正的科学研究。人们会生产各种生产劳作工具、制造一些自卫武器等，但仅少部分人对创造有所思考，且这些思考往往是唯心主义的。如古希腊的柏拉图（Plato)、亚里士多德（Aristotle)、赫拉克利特（Heraclitus) 等人认为创造是一种直觉，但其低于认识过程。其中，亚里士多德在《形而上学》一书中提出："求知是人的本能。"② 另外，亚氏在《论灵魂》一书中提出联想思维，并进一步区分接近联想、对比联想以及相似联想等。古希腊数学家帕普斯（Pappus) 在《数学汇编》一书中专门提出了"创造学"这一术语。在这之后人们开始对创造力进行一些较深入的研究与探讨，比如，英国哲学家弗朗西斯·培根（Francis Bacon) 在《新工具》一书中对创造中的实验与归纳进行了阐释，笛卡尔（René Descartes) 发表的《谈谈正确运用自己的理性在各门学问里寻求真理的方法》深刻阐释了"怀疑的方法和该方法的基本原则"。在这一时期康德（Immanuel Kant) 也提出了创造理论，对创造过程的构成进行了分析，认为创造性想象力具有印象的显现性和理解的综合性，并进一步确认了感性印象的多样性和知性概念的统一性，最终提出想象是直觉与活动的统一。

这个研究阶段是非常漫长的，哲学、心理学和社会学等领域都有学者进行零散的创造力研究，这也就决定了研究在一定程度上采用的是尝试方法。虽然效率低下，但是人们已经向这个空白领域迈出了重要一

---

① 庄寿强、戎志毅：《普通创造学》，中国矿业大学出版社，1997，第 36~40 页。
② 〔古希腊〕亚里士多德：《形而上学》，吴寿彭译，商务印书馆，1959，第 1 页。

步，这注定了创造力在未来的教育中将拥有自己的研究地位。

（2）单领域突破阶段：20 世纪初至 20 世纪 60 年代

这一阶段出现的主要是在哲学领域或者心理学领域的突破。随着人们对创造领域的不断探索，20 世纪初，美国研究创造力的研究者对 1000 位杰出人物进行了全面而系统的分析，并以此拉开这一阶段研究的序幕，随后出现了一批研究者以及相关的创造力研究成果。1926 年，华莱士（Wallas）出版了《思维的艺术》一书，提出了创造性思维的四阶段——准备期、酝酿期、启发期、验证期，并对各个阶段进行了分析。在此基础上，1933 年杜威（John Dewey）发表了《我们怎样思维》（修订版）一书，并提出："以经验为基础的教育，其中心问题是从各种现时经验中选择那种在后来的经验中能够丰满而具有创造性的生活的经验。"[①]

第二次工业革命之后，社会科技和生产力得到了加速发展，在人们追求创造发明的同时也开始出现一些学者专门研究创造的机理和规律等。20 世纪 30 年代问卷调查法开始应用于研究领域，各种创造力测验应运而生，同时也派生出了一些创造的方法。在这一时期具有代表性的创造力研究和理论著作如雨后春笋般出现。

进入 60 年代以后，美国建立多个创造力方面的研究中心或研究所，人们对创造力研究已经基本形成一种研究共识。吉尔福德（J. P. Guilford）等研究者在美国加利福尼亚大学成立了"能力倾向研究中心"，在对创造力因素进行详尽分析的基础上，提出了"智力三维结构"模型，三个维度中第二维是指智力的操作，其中，发散思维是创造性思维的核心；托兰斯（E. P. Torrance）于 1966 年在明尼苏达大学编制了托兰斯创造思维测验（TTCT）；帕内斯（S. J. Parnes）对 1950～1963 年的创造教学进行了全面而系统的总结，与奥斯本（A. F. Osborn）共同成立了"跨学科创造力研究中心"。日本学者也提出了很多创造技法，如 1964 年由川喜

---

① 〔美〕约翰·杜威：《我们怎样思维·经验与教育》，姜文闵译，人民教育出版社，1991，第 255 页。

田二郎开发的 KJ 法、片方善治的 ZK 法等。① 这一时期是创造学和创造教育研究较为活跃的时期，创造力研究获得了巨大的发展，这也为下一阶段的深入研究奠定了坚实的理论与实践基础。

（3）深化与整合阶段：20 世纪 70 年代以来

该阶段的研究是对前一阶段研究的持续深化和跨领域的整合。在创造力研究领域，进入 70 年代以后，学者们主要围绕创造力的内在逻辑进行纵深研究，为了更加深入地探究创造过程的科学机理、彻底揭开创造力的神秘面纱，需要教育学家、社会学家、心理学家、脑科学家、生理学家等坚持不懈的共同努力。在这一时期美国哈佛大学开展了关于将培养创造性人才纳入教育中的 4 年之久的大讨论，使得美国乃至全世界受到前所未有的影响。在这一时期美国建立了诸多创造力咨询公司，其中，最具有影响力的是 1970 年创立的"创造性领导中心"，今天其已成为国际性的创造力研究组织。1971 年苏联在阿塞拜疆建立了当时世界上唯一的发明创造大学。

智力理论是创造力理论的基础，创造力是智力的一部分，二者相互关联。1983 年霍华德·加德纳提出"多元智能理论"，多方面多维度地考察智力，以发展的眼光看待智力，寻求智力的发展路径。1985 年斯滕伯格提出三元智力理论，在此基础上发展出"成功智力理论"，还提出了创造力的三侧面模型，具体包括智力侧面、智力运用方式侧面、人格特质侧面；三元智力理论中，知识习得是指个人筛选相关信息并对已有知识加以整合从而获得新知识的过程。② 1986 年在创造理论研究中戴维森（Davidson）和斯滕伯格两位学者共同提出了关于信息选择过程的理论，其中将创造性思维定义为产生具有社会价值的、新颖的思维成果的

---

① KJ 法是日本东京工业大学教授川喜田二郎提出的，KJ 是他名字的字头，这种方法是指对与课题有关的分散想法进行整理和归纳，最终形成一种新想法；ZK 法是一种基于系统观点的创造性开发方法，"ZK"是该方法发明者片方善治姓名的罗马式拼法的缩写。参见俞文钊、刘建荣编著《创新与创造力：开发与培育》，东北财经大学出版社，2008，第 184~194 页。

② Sternberg, R. J., "The Nature of Creativity", *Creativity Research Journal* 18 (1), 2006: 87-98.

过程。[1] 1990 年，萨拉维（P. Salovey）和梅耶尔（J. D. Mayer）首次提出了情绪智力理论，此理论是对仅仅把智力局限于认识领域的传统智力理论的一大超越。[2] 在智力研究领域中具有一定影响，并有可能发展成为智力理论中主流力量的理论有戴斯（Das）等人的认知心理学智力理论、塞西（Ceci）的生物生态学智力理论、加里克（Garlick）等人的认知神经科学智力理论等，他们的智力理论研究摆脱了传统的狭隘与单一，视野日益开阔并呈多元化发展态势。[3]

这一时期，在诸多研究者对创造力进行研究的同时，美国部分学校开设了创造性思维训练课程，专门讲授各种创造技法，同时诸多专业开始采用有利于创造力开发的原则和方法进行授课，甚至还有些学校开设了创造性研究专业进行研究生培养。在此，许多创造力研究强调创造性的产生是多种因素共同作用的结果，例如，艾曼贝尔等人提出创造力组成成分理论，认为创造力由有关领域的技能、有关创造性的技能和工作动机构成，其中，工作动机对一个人的创造行为起到决定性作用[4]；契克森米哈赖（Csikszentmihalyi）提出创造力系统模型，强调社会、文化对创造力的产生和对其的认同的重要作用[5]；斯滕伯格和鲁巴特（Lubart）共同提出创造力投资理论，认为创造性的思维和行为是综合投入智力、知识、思维风格、环境、人格和动机等多种资源的产物。[6]

20 世纪 70 年代以来联合国教科文组织（UNESCO）发布了三大成

[1]　Davidson, J. E., Sternberg, R. J., "What Is Insight?", *Educational Horizons* 64 (4), 1986: 177-179.

[2]　Salovey, P., Mayer, J. D., "Emotional Intelligence", *Imagination, Cognition, and Personality* 9 (3), 1990: 185-211.

[3]　邱章乐、鲁峰、汪明主编《创造心理学》，合肥工业大学出版社，2011，第 70~75 页。

[4]　Amabile, T. M., Conti, R., Coon, H., Lazenby, J., Herron, M., "Assessing the Work Environment for Creativity", *Academy of Management Journal* 39 (5), 1996: 1154-1184.

[5]　Csikszentmihalyi, M., *Creativity: Flow and the Psychology of Discovery and Exploration* (New York: Harper Perennial, 1996), p.75.

[6]　Sternberg, R. J., Lubart, T. I., "An Investment Theory of Creativity and Its Development", *Human Development* 34 (1), 1991: 1-31.

果性文件，即 1972 年的《学会生存——教育世界的今天和明天》、1996年的《学习——财富蕴藏其中》、2015 年的《反思教育——向"全球共同利益"的理念转变?》，其中蕴含着内涵深刻的创造力理念。同时在科学技术日新月异的今天，脑科学研究在学习领域开始占有一席之地，由经济合作与发展组织（OECD）的教育研究与创新中心（CERI）于 1999年发起的"学习科学和脑科学研究"项目等证实，在个体的生命周期中，大脑再学习的能力具有可塑性。[①] 此外，现在的学习学的研究与发展，皆为创造力研究的发展提供了广阔的空间，创造力研究将走向历史舞台的中央，同时也会有更多的研究者投入其中。

2. 国内创造力研究的发展历程

中华民族是一个历史悠久、源远流长且富有创造性的民族，自古以来便拥有丰富的创造思想。20 世纪中期尤其是改革开放以来，我国学者进行了诸多创造力方面的研究与实践，取得了举世瞩目的成绩。依据这些研究成果可以将我国创造力研究的发展历程总体分为三个阶段：传统发展阶段、近代发展阶段和现代发展阶段。其中，现代发展阶段又可以分为艰难探索时期、综合推广时期、深化研究时期。

（1）传统发展阶段

我国有关创造力和创造教育的研究，一直可以追溯到春秋战国时期。孔孟等人的学说中蕴含着很多创造性思想。例如，孔子编订的《诗经》中写道："周虽旧邦，其命维新。"其中，"维新"体现出创造性思想。《论语·为政》中说："学而不思则罔，思而不学则殆。"孔子在《论语·卫灵公》中还阐述道："吾尝终日不食，终夜不寝，以思，无益，不如学也。"孔子有弟子三千和贤人七十二，其中有德行出众者，有政事出众者，有言语出众者，有文学出众者，他对于不同的学生采取不同的教育方式，开了创造教育的先河。老子在《道德经》中说"天下万物生于有，有生于无"，进一步分析可以看出其本质上强调的是一种

---

① 经济合作与发展组织编《理解脑——新的学习科学的诞生》，周加仙等译，教育科学出版社，2014，第 1 页。

从无到有的创造力。我国最早的一部教育学专著《学记》提出教学重在"喻"，倡导启发式教学和"教学相长"；《孟子·尽心下》提出了"尽信书，则不如无书"的论述，旨在告诉人们要敢于质疑和独立思考，同样也蕴含着创造性思想。

唐代的韩愈在《答刘正夫书》中提出"师其意，不师其辞"，强调要独立思考与创新，不要拘泥于书本辞藻，而是要学习其中的思想及行文方法。明代的陈献章提出了他的教学思想："学贵知疑，小疑则小进，大疑则大进。疑者，觉悟之机也。一番觉悟，一番长进。"[①] 清代的黄宗羲认为求学贵在创新、提出独立见解，反对墨守一家之言，指出"学者于其不同处，正宜着眼理会""古之善学者，其得力多在异同之论"。[②] 此外，我国古代佛学中的玄学、禅宗在论道悟道方面也特别注重引导与激发灵感，从中可以看出许多创造性理念。以上论述的创造性思想仅仅是传统发展阶段创造力思想的冰山一角，在浩瀚的历史文献中到处弥散着创造性思想，其为近代以来的创造力发展提供了厚积薄发的潜在能量。

（2）近代发展阶段

近代中国创造力研究是从陶行知的创造教育思想与实践开始的，陶行知先生将一生都倾注在创造教育研究上并形成较完整的创造教育体系。他的创造教育思想不是埋首在资料堆中冥思苦想的产物，而是通过一系列的研究实践，在与传统教育的弊端作针锋相对的斗争时不断磨砺和提炼出来的、具有中国本土化特色的教育思想。[③] 陶行知先生的创造教育思想的发展总体可以分为两个阶段：一是提出与酝酿阶段（1917~1933年），其成果以试验教育形式呈现；二是形成与深化阶段（1933~1946年），全面系统化提出创造教育思想，不断深入开展、丰富教育实

---

① 申纪云：《论创造性教学与传统教学》，《教育理论与实践》1990年第1期，第22~27页。

② （清）黄宗羲著，陈乃乾编《黄梨洲文集》，中华书局，1959，第443页。

③ 徐明聪：《陶行知创造教育思想及其时代意义》，《中国教育学刊》2011年第11期，第80~83页。

践活动。因此，对于近代发展阶段本书主要阐述陶行知先生的创造思想。

陶行知先生针对创造精神提出"敢探未发明的新理，即是指创造精神"[①]。创造精神的内涵应包括勇于探究、善于试验、大胆革新、开拓进取。陶行知先生在教育过程中非常注重培养学生的创造精神，同时在研究过程中论证了创造精神能够带来的可能性。[②] 改革与创造贯穿了陶行知先生的教育思想。1918~1919 年陶行知先生在《试验主义之教育方法》《试验主义与新教育》《试验教育的实施》等论文中，提出了改革教育的创造思想。他于 1943 年的演讲中提出："天天是创造之时，处处是创造之地，人人是创造之人。"[③] 学生创造力的培养绝不是一蹴而就的，而是在平时的一点一滴积淀中完成的。正如陶行知先生所说，"点滴的创造固不如整体的创造，但不要轻视点滴的创造而不为，呆望着大创造从天而降"[④]。培养学生创造力不能停留在口头上，陶行知先生就是创造教育实践者的代表，他由此成为中国甚至是世界近代创造教育最早的探索者之一。他在创造教育思想方面还率先提出了包括创造教育的目的与任务、基本原则、途径和方法，对受教育者实行"六大解放"的教育路径，创造的社会教育，创造的教育方法等的完整创造教育体系。[⑤]从此，中国大地上出现了诸多的创造力研究者，他们展开了广泛的研究。

（3）现代发展阶段

我国创造力研究经历了漫长的传统发展时期，直到陶行知先生提出强调改革的创造教育思想，开启了我国现代创造教育的大门。在 20 世纪 70 年代创造力研究进入了现代发展阶段，具体而言，其开始蓬勃、快速发展是在改革开放之后。在此基础上，结合已有研究者们的研究，

---

① 《陶行知全集》（第一卷），湖南教育出版社，1984，第 113 页。
② 申国昌、史降云：《中国学习思想史》，科学出版社，2006，第 318 页。
③ 顾明远、边守正主编《陶行知选集》（第 2 卷），教育科学出版社，2011，第 235 页。
④ 《陶行知全集》（第三卷），湖南教育出版社，1985，第 484 页。
⑤ 周耀烈主编《思维创新与创造力开发》，浙江大学出版社，2008，第 25 页。

本书总体将现代发展阶段分为三个时期：艰难探索时期、综合推广时期和深化研究时期。

①艰难探索时期（1970~1985 年）

在进入 20 世纪 70 年代以后，我国开始逐步意识到独立自主进行创造的重要性。这一时期我国正在大力发展工业，途径主要是从国外引进创造工程和创造技法等。1980 年，上海一些科普报刊发表了一系列关于创造发明和创造技法的文章。当时上海交通大学、和田路小学、上海起重运输机械厂等单位，在许立言、张福奎等研究人员的带领下进行了创造教育试点。1982 年广西大学创办了《创造与人才》期刊，同时东北工学院组织有关研究者出版了 10 多部著作，对国外的创造力研究活动的概况、国内的相关研究成果作了较为系统的介绍。①

随着创造力研究的不断发展，1983 年 3 月张文郁、许立言等人开始积极筹建中国创造教育研究会。1984 年，中国创造教育研究会在上海向明中学开设第一个创造教育实验班，聘请全国各地专家为教师，开设创造力课程，并在上海市黄浦区教育学院举办了第一期创造教育讲习班。② 1985 年中国发明协会成立，南京市成立了我国第一所少年儿童创造力开发学校。③ 这一时期中国创造教育研究会发挥了推动与引领作用，为中国创造力研究者提供了研究与交流的机会和平台，可以汇集百家之所长，共筑创造之大发展。

②综合推广时期（1986~1994 年）

在前一时期的发展基础上，创造力研究于 1986 年步入综合推广时期。我国一大批研究者投身于创造力研究之中，结合我国的国情并吸收借鉴国外的创造理论与方法，以不同的角度和理论，编著一大批与创造力相关的著作。

这一时期，研究者不仅吸收国外成果，还结合国内诸多研究进行综

---

① 袁张度、许诺编著《创造学与创新方法》，上海社会科学院出版社，2010，第 16 页。

② 卢明德：《创造教育的历史演进与前瞻——创造教育研究之四》，《内蒙古师大学报》（哲学社会科学版）2000 年第 2 期，第 58~65 页。

③ 朱作仁主编《创造教育手册》，广西教育出版社，1991，第 551 页。

合创造，从专注于单一的借鉴方式和单一的心理学领域转向从整体性和多领域入手去研究创造力。大规模和大面积地普及创造力培育成为这一时期的重要标志，同时各式各样的创造力相关的培训不断涌现，如学生创造力、创造技法和新技术新产品的开发、技术革新的培训等。例如，湖北宜昌县经委与总工会连续 3 年开办创造培训班 45 期，培训了 4500 人左右，全县职工合理化建议由原先的人均 0.33 件增加到 0.8 件。①1988 年上海高等专科院校、上海市创造学会和一些相关的机构举行了上千场创造力培训，与此同时一些高校也陆续筹建了创造力方面的机构或者组织。例如，湖南轻工业高等专科学校于 1990 年成立了创造学与新产品开发教研室，东南大学成立了创造工程与创造教育研究所，河海大学成立了创造力开发研究组，上海理工大学成立了创造学研究室，等等。②1992 年中国发明协会在沈阳召开了"首届全国中小学创造教育研讨会"，对中小学开展创造教育的成功经验进行阶段性的总结和更深层次的探讨，对更广泛地开展中小学创造教育起到了极大的推动作用。③之后国内有一些大学把创造学原理与相关专业结合，开始培养创造学方向的硕士研究生和博士研究生，同时也开设了创造力选修课。

在综合推广时期，创造教育迈进了高等教育领域。1993 年，中国矿业大学第一次正式招收了地质创造学研究方向的硕士研究生，同年在徐州由中国发明协会与中国矿业大学联合召开了"首届全国高等学校创造教育及创造学研讨会"。

③深化研究时期（1995 年至今）

深化研究时期的主要特征是创造力研究方面的国际交流加强，中国创造学会与美国创造学会、欧洲创造力与创新协会、英国创造力中心以及日本创造学会等建立了紧密联系。在这一时期中国创造学会发表了多部论文集，出版了很多培训教材和数百种创造学著作，并举行了各式各

---

① 周耀烈主编《思维创新与创造力开发》，浙江大学出版社，2008，第 27 页。
② 袁张度、许诺编著《创造学与创新方法》，上海社会科学院出版社，2010，第 22 页。
③ 程良道：《创造教育的过去与现状》，《湖北师范学院学报》（哲学社会科学版）2001 年第 3 期，第 84~87 页。

样的专题讲座。据甘自恒统计，截至 2010 年中国创造学会"个人会员达到 455 名，团体会员为 42 家"①。在这一时期形成了创造学方面的理论流派：以傅世侠、甘自恒、罗玲玲、王极盛、刘仲林、彭健伯等为代表的教育哲学学派，从哲学思维的视角，对创造学的相关概念、方法及认知规律等进行探究，旨在更深层次地解释创造学的问题；以袁张度、关原成、谢燮正、肖云龙、黄友直、吴诚等为代表的创造学工程学派，主要以工程、技术与创新为基点，探究其中的规律与创造技法等；以庄寿强、王加微、孟天雄、李嘉曾、鲁克成等为代表的创造教育学学派，主要是以教育为视角，在创造性教育方式、创造力开发与创造性人才培养方面开展研究。②

《国家中长期教育改革和发展规划纲要（2010—2020 年）》提出要遵循教育规律和人才成长规律，持续深化教育教学改革，创新教育教学方法，同时为了发展学生的优势潜能，要关注每一个学生的不同特点和个性差异。时任国务院副总理李岚清和时任教育部副部长韦钰院士等都积极倡导应用脑科学推动基础教育改革创新。③ 这可以追溯到 20 世纪末，哈佛大学加德纳的多元智能理论对传统的单一智商观点提出挑战，开展了关于如何提高学生学习能力和从脑科学的视角进行教育教学改革创新的研究试验，继而国际上有些学者开始尝试将脑科学和心理学的相关研究成果综合起来应用于教育学研究中。我国的中央教育科学研究所（现中国教育科学研究院）、华东师范大学教科院、浙江大学教科院、南京师范大学教科院等教科研机构的专家们持续进行了很多尝试，也产出了不少研究成果。随着认知神经学和神经教育学的兴起与教育科研工作者们的不懈努力，关于脑科学的认识越来越深入，教育领域中的相关研究越来越多，脑科学知识在教育上的应用也越来越广泛。2018 年 3 月 17

① 甘自恒编著《创造学原理和方法——广义创造学》（第二版），科学出版社，2010，第 16 页。

② 简红江：《国内外创造学发展比较研究》，博士学位论文，中国科学技术大学，2012，第 39 页。

③ 《白云帆：脑科学与基础教育改革创新》，教育之声网，2013 年 4 月 25 日，http://www.cedcm.com.cn/html/2013/teyuepinglun_0425/10222.html。

日华东师范大学教育学部成立了我国国内第一个"脑科学与教育创新研究院"。①

(二) 创造力研究的历史演变分析

在创造力研究的发展进程中，历史演变造就了国内外的巨大差异性，究其根源，主要是国内长期受到东方哲学尤其是中国哲学研究的影响，这使国内创造力学者将研究建立在对创造本质和人之本性的深度哲学思考的基础上，仰望星空，立意高远；将创造力看作人内在的本性，从而摆脱目前社会功利主义的倾向，这从根本上解决了创造的目的和动机问题，使得国内的创造力研究更具魅力。② 国外创造力研究的出现有着特定的实用主义哲学背景，是对实验心理学传统的继承与发展，是现代自然科学飞速发展大背景之下的产物。③ 从现代学科发展来看，国外创造力研究起源于 20 世纪 50 年代的美国，以吉尔福德发表题为《创造力》的著名就职演说为开端，大量关于创造力的心理学研究开始出现。国内现代创造力研究的出现以教育家陶行知先生的《创造宣言》的发表为主要标志，但直到 80 年代，国内的创造力研究才开始得到全面的大发展。④ 由此可以充分看出，国内外创造力研究有着历史演变过程中的巨大差异。

国内外创造力研究在历史演变上的差异主要体现在文化思维观念上。刘仲林先生认为：西方特长主要体现在"概念思维与形式逻辑"

---

① 在这里列举出 7 本有关学习学和脑科学方面的书籍以供参阅。温寒江：《学习与思维——学习中思维的全面协调可持续发展》，教育科学出版社，2010；温寒江、陈爱芯：《学习学》（上下卷），教育科学出版社，2016；〔美〕约翰·D. 布兰思福特等编著《人是如何学习的：大脑、心理、经验及学校》（扩展版），程可拉等译，华东师范大学出版社，2012；〔加〕保罗·萨伽德：《心智：认知科学导论》，朱菁等译，上海辞书出版社，2012；经济合作与发展组织编《理解脑——新的学习科学的诞生》，周加仙等译，教育科学出版社，2014；〔丹〕克努兹·伊列雷斯：《我们如何学习：全视角学习理论》（第 2 版），孙玫璐译，教育科学出版社，2014；王华斌：《学习学——全脑开发与学习》，清华大学出版社，2017。
② 刘仲林、江瑶：《东西方创造教育的比较与前瞻》，《天津师范大学学报》（社会科学版）2011 年第 3 期，第 56~60 页。
③ 赵春音：《当代西方创造力研究的考察》，《科学学研究》2003 年第 4 期，第 362~366 页。
④ 20 世纪 80 年代之前，台湾就出现了现代创造力研究，相对早于大陆。

上，而中方特长主要体现在"意象思维与审美逻辑"上。① 中西文化中皆蕴含着丰富的创造性思维，但其在文化中的功能有很大不同。在西方文化思维观念中，创造性思维因素②与形式逻辑构成了有机的整体，如古希腊哲学家苏格拉底（Socrates）的"知识的助产术"③ 和亚里士多德的三段论演绎法、培根的归纳法④、爱因斯坦（Albert Einstein）的思维自由创造观等都是如此。在一定程度上，这反映了创造性思维的整体性同时也再现为理性化和具体化。而我国文化强调的是意象思维，审美逻辑盛行，在发展创造力方面潜力很大，但是我们也应该清楚地看到，其在概念思维与形式逻辑方面有所欠缺。我国的《易经》可以充分反映出我国文化主流思维形式——意象思维。这种思维在实践上主要靠的是想象性和直觉性推论，这就决定了逻辑推理与分析具有一定的主观性。国内外文化思维方式的演变呈现出巨大差异，因而也就带来了国内外创造力研究历史演变的差异。

（三）创造力研究的内容分析

从国内外创造力研究发展历程可以看出，国内外对创造力内涵的本源性揭示有着根本上的差异。⑤ 国外对创造力内涵的揭示基于多学科视角，起初主要以心理学为基础，之后延伸到社会学、生物学、管理学以及文化学等学科领域，对创造力的层次结构分析得更深刻。国内在对创造力内涵的揭示上，以前主要是继承与借鉴国外的相关理论，并没有形

---

① 刘仲林：《中国创造学概论》，天津人民出版社，2001，第 248、265 页。
② 创造性思维因素主要有联想、迁移、意志、酝酿和兴趣等。
③ 苏格拉底是百科全书式的人物，但他认为自己是无知的，即所谓的"博学的无知"。他主张在教学中采用"知识的助产术"，即不是传授给求知者知识，而只是把其原有的知识"接生"出来。参见洪汉鼎、陈治国编《知识论读本》，中国人民大学出版社，2010，第 27 页。
④ 培根的《新工具》有别于亚里士多德的《工具论》，与亚里士多德强调演绎法相比，培根推崇的是归纳法即获得新知识的根本方法。参见洪汉鼎、陈治国编《知识论读本》，中国人民大学出版社，2010，第 155 页。
⑤ 简红江：《国内外创造学发展比较研究》，博士学位论文，中国科学技术大学，2012，第 82 页。

成我国本土化的理论特色，但是进入 21 世纪以来，我国本土化的创造力内涵逐渐形成。

国内外的创造技法研究存在着巨大差异。国外的创造技法已经形成独特的体系，如美国的奥斯本提出的头脑风暴法、兰德公司发展形成的德尔菲法①、1964 年由日本川喜田二郎开发的 KJ 法、片方善治的 ZK 法、中山正和的 NM 法；国内创造技法的研究成果主要有通过对国外技法的借鉴与改造形成的信息交合发明法、特性列举发明法等，以及结合我国传统文化思想形成的创造技法如集思广益法、模仿再创法等。

两次工业革命造就了国内外创造力研究在内容上存在着差异的实践原因。现代创造力研究发端于美国，由于美国正是 20 世纪上半叶经济、社会以及科学技术发展最快的国家，所以现代创造力研究产生于美国是有着深刻的历史根源的。美国直接利用工业革命的科技成果，使其创造技法得到丰富与发展，尤其是在工业生产领域出现了很多的创造技法，20 世纪三四十年代奥斯本提出的头脑风暴法就是其中的代表；到了 20 世纪 50 年代前后，在日本和苏联等国家，创造力研究与工业生产领域形成了广泛联系。而在我国，近代之前没有这样的工业社会背景，更没有这方面的创造力研究的内容，这也是我国近代以来创造力研究大规模借鉴和吸收国外成果的历史原因。

（四）创造力研究的方法分析

国外创造力研究方法主要有心理测量法、实验研究法、统计分析法、个案研究法、计算机模拟法、认知神经科学法、汇合方法②等，而

---

① 德尔菲法是在 20 世纪 40 年代，由 O. 赫尔姆和 N. 达尔克首创，后经过 T. J. 戈尔登和兰德公司进一步研究最终形成的；德尔菲是古希腊神话中太阳神阿波罗杀死巨蟒之处，传说中阿波罗具有预见未来的能力，因此最终将此方法命名为"德尔菲法"。参见"德尔菲法"词条，360 百科，https://baike.so.com/doc/5395050-5632202.html。

② 汇合指的是创造力的各种成分的汇合，在一定程度上，创造被假设为不是个人各个方面潜能的简单累加，而是可能受到各成分之间的交互作用的影响，并且其中一些成分可能存在阈限。格鲁伯提出的解释创造力的"进化系统模型"、斯滕伯格等人提出的创造力"投资理论"等都支持此观点。参见王根顺、高鸽《近 60 年来的创造力研究回顾》，《高等理科教育》2008 年第 5 期，第 8~12 页。

国内的创造力研究方法主要是借鉴和继承自国外的一些方法。改革开放之后，尤其是进入 21 世纪以来，中国本土化的创造力研究方法开始出现，如混合研究方法、历史研究方法、扎根理论研究方法等，逐渐形成具有中国特色的创造力研究方法体系。

　　在历史发展的长河中，国内外文化思维形成了各自的特色。国外崇尚个人主义，在文化思维上侧重演绎分析；而国内崇尚集体主义，在文化思维上侧重归纳与整体性。国内外文化思维分析侧重点的不同，带来了近代以来国内外科学技术发展的不同境遇。[①] 第二次工业革命开始后科学技术得到了迅猛发展，科学方法也得到了相应的完善与革新。国外创造力研究始于心理学学科的发展以及心理学实验方法的应用，在这样的科学思维惯性的影响下，在研究方法上使用实验法以及创造力测量表等，如泰勒（C. W. Taylor）的创造过程调查表、托兰斯的创造思维测验、霍华德·加德纳的多元智能测验、韦克斯勒（D. Wechsler）的韦氏智力测验等。此外，国外还进行了杰出人物传记、学生个案追踪、创造训练课程、创造工程技法以及认知神经科学等方面的研究，这些在创造力研究过程中起到了重要作用。近代以来，我国科学技术发展缓慢，创造力研究方法也同样得不到相应的革新。傅世侠在《科学创造方法论——关于科学创造与创造力研究的方法论探讨》一书的序言中说，该书的内容"既是关于科学创造方法问题的方法论探讨，也是关于科学创造主体的创造力研究问题的方法论探讨"[②]。俄国的巴甫洛夫曾说道："科学随着方法学上获得的成就而不断跃进，方法学上每前进一步，我们也就仿佛上升了一级阶梯，于是我们就能放开更广阔的眼界，看见从未见过的事物。"[③] 进入 21 世纪以来，具有中国特色的创造力研究方法的研究与应用迅速发展。尽管如此，与国外相比我们还需结合本土情况砥砺前行，为完善和革新我国的创造力研究方法贡献应

[①]　简红江：《国内外创造学发展比较研究》，博士学位论文，中国科学技术大学，2012，第 83 页。

[②]　傅世侠：《科学创造方法论·序》，《自然辩证法研究》2000 年第 7 期，第 70~71 页。

[③]　袁张度、许诺编著《创造学与创新方法》，上海社会科学院出版社，2010，第 325 页。

有力量。

二　课堂评价研究的主要论题分析

课堂评价作为促进学生学习与发展的一种评价方式，是教师日常教学实践活动的重要组成部分，对提升学生的综合素质有着不可替代的作用。在学生综合素质评价过程中课堂是主要的场域，因此课堂评价是促进学生学习与发展的关键途径。本部分就核心素养视角下的课堂评价研究、学科教学的课堂评价研究、促进学习的课堂评价研究和课堂评价存在的问题及策略研究进行对主要论题的阐述。

（一）　核心素养视角下的课堂评价研究

核心素养是学生在接受相应学段的教育的过程中，逐步形成的适应个人终身发展和社会发展需要的必备品格和关键能力。[①] 在新课程改革的背景下，核心素养已经成为设计教育手段和教育目标时关注的重点，并逐渐成为当前研究的热点。2014 年教育部颁发深化课程改革的指导性文件——《关于全面深化课程改革落实立德树人根本任务的意见》，对 21 世纪人才培养提出新要求。由此，核心素养作为一个教学新理念、新境界，在教育界受到广泛重视[②]，当前核心素养已成为教育领域的热门研究话题，而且它必将成为中国未来一段时间内教育改革的焦点，引领教育改革的方向。为此，学界在核心素养的视角下展开了诸多理论与实践研究，其中，课堂评价就是重要的研究对象。

课堂是教育教学的主阵地，要进行教育评价，首先就需要对课堂教学进行评价。就当下的综合素质评价实践探索而言，我国学校教育场域现已形成了"谁熟悉谁评价"和"谁使用谁评价"两种不同的评价理念

---

① 林崇德：《中国学生核心素养研究》，《心理与行为研究》2017 年第 2 期，第 145~154 页。

② 王欣：《基于核心素养的思想政治课堂教学评价研究》，硕士学位论文，哈尔滨师范大学，2019，第 1 页。

与路径，并引发了人们思想认识上的分歧、矛盾和纷争。① 对此有研究者提出，课堂评价的关键在于比较完整地了解核心素养的内容，准确地把握本节课的教学内容应达成的教育教学目标以及应该达到的培育相关核心素养的要求。② 更有学者称，核心素养是一种统整性、累积性的素养，很难用外部大规模纸笔测试方法来评价，其评价需要课堂评价的深度介入。应树立取长式教育评价观和动态生成的课程发展观，遵循记录与描述—分析与解释—回应与改进的评价程序，确保评价的有效性、提升教师开展过程性评价的能力、加强信息技术赋能，从而增强过程性评价的育人功能。③ 在基于核心素养的课堂教学评价内容研究方面，周彬突出强调个人修养、社会关爱、家国情怀，更加注重自主发展、合作参与、创新实践，他认为核心素养是为了满足社会发展对人才的需求而提出的，也是我国教育改革的方向标，教育改革是为了培养全面发展的人④；朱莎等认为教师能够了解授课班级学生群体和个体课程核心素养的发展情况及教学问题，优化教学方法，并针对素养薄弱的学生进行个性化辅导⑤；李晓东认为要树立以生为本的理念，使评价核心从成绩向素养转变，重点关注学生的意愿表达、行为倾向和呈现逻辑⑥。在基于核心素养的课堂教学评价方式研究方面，戴慧提出要在课堂评价中落实核心素养培育，就要采取质性评价与量性评价相结合的方式。⑦ 鉴于此，

① 王洪席：《学生综合素质评价责任主体的认知分歧与路径澄清》，《教学与管理》2024年第7期，第67~70页。
② 耿建：《构建指向核心素养的深度课堂评价的若干思考》，《教育探索》2019年第4期，第33~39页。
③ 贾瑜、辛涛：《关注过程：落实综合素质评价育人目标的关键》，《中国教育学刊》2023年第12期，第75~80页；邵朝友：《评价范式视角下的核心素养评价》，《教师发展研究》2017年第4期，第42~47页。
④ 周彬：《指向核心素养的课堂转型研究》，《教师教育研究》2018年第2期，第94~99页。
⑤ 朱莎、杨洒、李嘉源等：《智慧课堂情境的课程核心素养评价范式》，《开放教育研究》2024年第1期，第83~88页；范建伟：《困境与实施路径：核心素养融入高校公共体育课程》，《武术研究》2021年第10期，第147~148、156页。
⑥ 李晓东：《基于学科核心素养的思想政治课评价策略》，《中学政治教学参考》2016年第31期，第52~54页。
⑦ 戴慧：《聚焦学科核心素养探索考试评价改革》，《中学政治教学参考》2018年第5期，第59~62页。

在核心素养视角下课堂评价成为其培育"落地"的重要手段。

（二）学科教学的课堂评价研究

新课程改革背景下，对课堂教学进行评价，关键是要有科学合理的评价标准。有学者从物理学科自身特殊性视角提出，应兼顾教师的教和学生的学，建议将物理课堂教学评价内容确定为五个方面：前概念教学、原始物理问题的教学、演示实验的教学、学生能动性的体现及学生课后与课前相比的变化。[①] 作为一线教研员的司长国认为，语文课堂教学评价要抓住教师基本教学素养、教师行为和学生行为三个方面，评价的目的是促进学生学习、改善教师教学、完成中学语文课程目标。[②] 杨静认为，语文学习情境的创设应关注学生真实的学习生活和家庭生活，让学生有真实的角色感和体验感。[③] 还有学者提出，构建与数学核心素养目标连贯一致的数学课堂教学评价，无论是在理论层面上还是在实践层面上都很重要、必要、迫切，尤其要关注数学课堂教学评价方式、数学课堂教学评价内容、数学课堂教学评价活动准备性与数学核心素养教学要求的对接。[④] 张伟忠指出在语文课堂中要贯彻以学为主的基本思想，发挥教师、学生两个主体的积极性和创造性；语文课堂教学要突出重点，营造亮点；转变思路，由教师教的思路转向学生学的思路，由文章学的思路转向阅读学的思路；重视学生学习状态和学习方式的改善，全面提高学生的语文素养。[⑤] 彭鸿喜提出物理课堂教学评价应充分考虑学科自身特殊性，兼顾教师的教和学生的学，从而确定其评价内容。在确

---

① 彭鸿喜：《物理课堂教学评价内容构想》，《当代教育科学》2012 年第 24 期，第 63~64 页。

② 司长国：《新课程背景下中学语文课堂教学评价的思考》，《语文学刊》2013 年第 16 期，第 159、176 页。

③ 杨静：《学科实践的内涵、立场逻辑及教学路向》，《教学与管理》2024 年第 17 期，第 1~5 页。

④ 潘小明：《基于数学核心素养的课堂教学评价再认识》，《教学与管理》2018 年第 18 期，第 85~87 页。

⑤ 张伟忠：《以学为主语文课堂教学评价标准的建构与实践》，《课程·教材·教法》2003 年第 4 期，第 25~28 页。

定教学评价内容时要看课堂教学是否充分挖掘了学生头脑中存在的前概念；看课堂教学是否设计了原始物理问题；看课堂教学是否形象生动地进行了实验演示，特别是非常规物理实验的演示；看课堂教学是否充分调动了学生动口、动手、动脑的积极性；看学生课后较课前是否发生了较大的变化。① 朱雪梅对地理课堂"多元交互式"评价体系进行研究，认为评价体系完善，提升了新课程发展性教学评价的内涵；评价工具新颖，结合了传统手段与数字化平台；评价方式多样，体现了过程与结果评价相交互的追求；评价标准具体，提供了评价学与教的过程及成效的依据；评价路径明晰，建构了循环跟进式观察与评价的范式。但是，评价改革的支持系统比较脆弱，主要表现为：分数主义、升学主义的评价观依然占据主导地位；资金投入不足，科学化测评工具开发不足；多学科整合的学生综合素质评价系统尚未建立，不能实现多元智能发展状况的评定；对学生学业发展的长期追踪评价也未引起足够关注。② 李进表示应搭建学科课程渗透的课程体系，建立家校社协同的指导团队。③ 逢凌晖表示在学科教学中使用评价时要及时且持续进行反馈，避免反馈与评价间隔时间太长或出现间断，因失去时效性而降低反馈效用。④ 潘小明提出只有数学课堂教学评价指向数学核心素养，提高数学核心素养的育人目标才能有效达成，数学课堂教学评价具有十分重要的现实意义；指向数学核心素养的数学课堂教学评价在过程性、综合性、解释性等方面均有待进一步提高；为实现提高数学核心素养的目标，应关注数学课堂教学评价方式、数学课堂教学评价内容和数学课堂教学评价活动的准备性。⑤ 其他学科专家等也各自立足本学科进行课堂评价的理论研究与

---

① 彭鸿喜：《物理课堂教学评价内容构想》，《当代教育科学》2012 年第 24 期，第 63~64 页。
② 朱雪梅：《"多元交互式"教学评价体系的建构与实践——基于地理教学观察的行动研究》，《课程·教材·教法》2014 年第 11 期，第 63~68 页。
③ 李进：《普通高中开展学生发展指导工作的设计与实施》，《教学与管理》2024 年第 6期，第 63~66 页。
④ 逢凌晖：《好的反馈让课堂评价更有效》，《中国教育学刊》2024 年第 1 期，第 102 页。
⑤ 潘小明：《基于数学核心素养的课堂教学评价再认识》，《教学与管理》2018 年第 18期，第 85~87 页。

实践探索。

此外，还出现了多种学科融合课程的课堂评价，如 STEM 课程以工程为核心，整合科学、技术、数学等学科，以探究为基础，纳入工程设计的过程[①]，强调以学生为中心和做中学，让学生掌握知识与技能，对其进行灵活迁移运用并解决实践问题，主要是为了培养学生的科学素养、创新思维和实践能力。其中，对课堂中教与学的过程性评价显得尤为重要，由此可以当场调整教与学的过程，即时提高学生学习效果。

（三）促进学习的课堂评价研究

20 世纪末以来，随着知识观和学习观的变化，学校的使命也发生了转变，即学校不再是为学生分类、排名的场所，而是转型成为促进学生学习与发展的场域。此外，随着学习学的发展，以往建立在心理测量学基础上的关于学习的评价范式的弊端日益凸显，而与之相对应的促进学习的评价范式逐渐显现其价值，因此，在世界范围内促进学习的评价范式成为研究的热点。这一范式试图发展一种新型的评价文化，这种文化强调全纳，不让一个儿童掉队。[②] 英国、美国、澳大利亚、新西兰等许多国家的评价专家或教育评价机构等都在进行对促进学习的评价的研究。其中，英国是最早对促进学习的评价进行研究的国家，由布莱克（Black）和威廉（William）领衔的评价研究取得了丰硕的成果，如《内探黑箱：通过课堂评价提高标准》《促进学习的评价：如何实施》《在黑箱里工作：课堂中促进学习的评价》等，最终在英国明确了"促进学习的评价"的内涵：学习者和教师收集和解释证据，以决定学习者现在在哪里、将来要去哪里以及如何更好地到达那里的过程。[③] 这一定义在英国乃至整个学术界影响深远。美国的斯蒂金斯（Stiggins）在 1992 年就

---

① 沈艺、郭琪琦、张海银：《STEM 课程的评价领域及学习性评价策略》，《中小学教师培训》2019 年第 4 期，第 46~50 页。

② Santos, L., Pinto, J., "Is Assessment for Learning Possible in Early School Years?", *Procedia—Social and Behavioral Sciences* 12, 2011：283-289.

③ Assessment Reform Group, *Assessment for Learning: 10 Principles*（Cambridge：University of Cambridge, 2002）.

提出"高质量课堂评价"的概念。他对纸笔测试、表现性评价和沟通式评价方法进行比较，从而指出任何评价方法和工具都存在优势与缺陷，只有针对不同评价目标选用合适的评价方法和工具才能造就高质量的课堂评价。所以，"评价方法与评价情境（包括评价目标、学生、时间等因素）的互相配合，评价方法正确与合理的使用"是高质量课堂评价的核心表现形式。[①] 以斯蒂金斯的内涵框架为基础，众多研究就"什么是高质量课堂评价"提出了自己的看法，其中以谢弗（Schafer）和赫尔曼（Herman）的观点较为有代表性。谢弗提出理想课堂评价的四维度说。这四个维度分别是：改变与学生谈话的本质，给予学生明确的学习目标，以促使学生习得更多知识并增强学习责任感；对学生的既有知识进行评价，并基于评价结果来设计和改进教学，以满足学生多样化的需要，激发学习兴趣；除等级和分数外，使用多样化的方式给学生提供反馈，以帮助学生提高学习质量；布置开放式的任务或表现性任务时，确保给出明晰的评价标准，以促使学生进行积极的自我评价。[②] 2012 年，时任美国国家评价、标准及学生测试研究中心主任赫尔曼指出好的、有效的课堂评价必须具备四个核心要素，分别是：与学习目标紧密相连、激励学生朝着预期的目标前进、通过适当的评分机制解释学生处于实现目标的何种阶段、提供可信和有效的证据来帮助确定后续的改进计划和行动。[③] 2013 年，以达琳-哈蒙德（Darling-Hammond）、赫尔曼、佩莱格里诺（Pellegrino）为首的 20 位美国研究者提出高质量课堂评价的 5 个标准：能够对高级认知技能进行评价；对核心能力实施真实性评价；采用基于国际标准的评价标准；评价所包含的所有项目能够灵敏地反映教学情况，并具有教育方面的价值；评价有效、可信和公正。

　　促进学习的课堂评价在国际上有一些典型模式，如英国北爱尔兰和澳

---

① 林敦来：《如何将学习目标与评价方法和手段进行匹配？》，《英语学习》2017 年第 8 期，第 29~33 页。
② 〔美〕伊斯雷尔·谢弗勒：《人类的潜能——一项教育哲学的研究》，石中英、涂元玲译，华东师范大学出版社，2006。
③ 〔美〕简·查普伊斯等：《促进学习的课堂评价：做得对 用得好》（第二版），赵士果译，华东师范大学出版社，2021。

大利亚新南威尔士的评价模式等。英国北爱尔兰模式建立在布莱克和威廉及其领导的英国评价改革小组关于促进学习的评价的研究基础上，他们对250篇关于形成性评价的文献资料进行元分析之后，提出课堂中的形成性评价能提高学生的学业成就。随着研究的不断深入，促进学习的评价替代了形成性评价。"促进学习的评价指任何设计和措施的首要目的都在于促进学生学习的评价，即收集信息用以对教师的教学和学生的学习进行反馈，并进而做出改进的评价。"[①] 澳大利亚于1983年拉开了标准化改革的序幕，新南威尔士州也顺应这种趋势进行了课程与评价改革，该州政府十分重视促进学习的评价对学生发展的价值，于是在2003年和2009年颁布的两份《课程纲要》的"评价建议"部分中，都反复强调要在K10年级的教学中实施促进学习的评价。例如，2003年《课程纲要》的"评价建议"提出，促进学习的评价是教与学过程中必不可少的一部分，体现了所有学生都能够进步的一种信念。[②] 2009年《课程纲要》的"评价建设"进一步强调了促进学习的课堂评价的重要性，要求形成以学习结果为中心的评价模式，引出学习证据、收集学习证据、展现学习结果、将结果反馈给学生，结合实践不断调整与完善教与学的方式。[③] 该州的学习委员会倡导将促进学习的课堂评价模式广泛应用到教学实践中，并为教师有效应用该模式开发了可供选择的多种样例，以便于教师灵活选择。

同时，国内诸多学者从不同的视角阐释促进学习的评价理念，并发表和出版了许多相关论文和专著，如杨向东和崔允漷主编的《课堂评价：促进学生的学习和发展》、崔允漷的《促进学习：学业评价的新范式》以及丁邦平的《从"形成性评价"到"学习性评价"：课堂评价理论与实践的新发展》等。除了我国内地在积极地倡导和实施促进学习的

---

① Black, P., Harrison, C., Lee, C., Marshall, B., William, D., *Working Inside the Black Box: Assessment for Learning in the Classroom* (London: NFER Nelson, 2002).

② Board of Studies NSW, *Science Years 7 – 10 Syllabus* (Sydney, NSW: Board of Studies NSW, 2003).

③ 赵士果：《促进学习的课堂评价研究》，博士学位论文，华东师范大学，2013，第81页。

评价改革之外，我国香港地区也在致力于推进促进学习的评价改革，同样涌现了许多研究成果，如彭新强和李杰江的《在课堂中实施"促进学习的评估"：个案研究》、张淑贤的 *Assessment for Learning* 以及罗耀珍的《促进学习的评估》等。

（四）课堂评价存在的问题及策略研究

课堂评价在学生学业评价体系中的地位极其重要，对改进学生的学和教师的教具有不可替代的作用。马光贤认为在课堂教学中，课堂评价应全程嵌入教学过程之中，学生学到哪里，评价就到哪里，教学也就到哪里。[①] 然而当前的课堂评价之状况不容乐观，正如崔允漷所述："当前的现实是，我们的课堂层面的评价实践相当薄弱，甚至是相当糟糕。"[②] 钟启泉更加犀利地提出："在我国中小学，应试教育依然横行霸道，课堂评价轻重失衡，乱象丛生。"[③] 钟启泉从我国现实出发，指出我国评价实践领域中存在八大问题，包括重视教师教的评价，轻视学生学的评价；重视单一的学业成就评价，忽视综合素质的评价；重视学生个体的评价，忽视学生集体的评价；重视总结性评价，轻视形成性评价；等等。他指出，课堂评价作为典型的形成性评价在我国备受冷落。一线教师在总结性评价和诊断性评价方面表现得很拿手，而在形成性评价方面的经验却很欠缺。杨向东也提出了相似的观点。他认为，在总结性评价占据绝对主导地位的情况下，当前研究更多地集中在对中高考等大规模外部考试或评价模式的探索上，而与教学息息相关的课堂评价长期以来无人问津，未能得到应有的重视和研究。由于长期以来受到总结性评价的影响，形成性的课堂评价被边缘化。[④]

随着基础教育新课程改革的不断深入，课堂评价也发生了很大的改

---

① 马光贤：《课堂评价：为促进学习而评》，《中国教育学刊》2024 年第 1 期，第 102 页。
② 崔允漷：《促进学习：学业评价的新范式》，《教育科学研究》2010 年第 3 期，第 11~15、20 页。
③ 钟启泉：《课堂评价的挑战》，《全球教育展望》2012 年第 1 期，第 10~16 页。
④ 杨向东、崔允漷主编《课堂评价：促进学生的学习和发展》，华东师范大学出版社，2012。

变。覃兵在教师课堂评价素养视角下，提出这一素养的缺失表现在课堂即时评价能力有待提高，课堂教学评价语言使用能力亟须增强，获取、处理和反馈课堂评价信息能力水平不高三个方面。对此，他也提出了相应措施：要提高教师的课堂教学评价能力，就要加强教师的自我反思，进行教师课堂教学评价培训、完善以听课和评课为主的校本教研制度。①谢幼如等人提出人的全面发展是社会高质量发展的根本途径，当下课堂评价从片面的工具理性转向包括价值理性、实践理性等在内的多维度理性，逐步形成以学为中心评价、多元主体评价、多种方式评价等理念共识。②张红霞和苏鑫认为在综合素质评价区域推进过程中，区域教师联盟扮演着"指导者"和"督导者"的角色。实践中，区域层面的引领和督导多聚焦于学校校本化实施方案、实施进展、实施成效等有形成果上，对教师综合素质评价素养提升的问题考虑不足，相关举措也较为匮乏。③卢立涛等人对我国课堂评价现状进行了总结与反思，并提出三条改进课堂评价的路径：创设适宜的评价环境，摆脱评价"去情境化"的现状；采用技术支持性评价，丰富并完善形成性评价；重视学生和教师的自我评价，发挥评价的发展性作用。④冯安然等人指出，应提高教师的教学能力和适应新要求的能力，建立健全教师管理和评价体系，加强对教师的考核和培训，提高教师的教学质量和专业发展水平，为教育发展和深化改革提供坚实的师资保障。⑤刘志军和徐彬对我国课堂教学评价研究的发展历程进行梳理与分析，认为研究内容已经由相对单一转向丰富多元，但仍然存在着一些问题，包括相关评价理论研究不足、评价

① 覃兵：《教师课堂教学评价能力的缺失与培养策略》，《教育理论与实践》2011年第26期，第49~51页。

② 谢幼如、高磊、邱艺等：《智能技术赋能高质量课堂的评价创新》，《电化教育研究》2023年第12期，第73~79页。

③ 张红霞、苏鑫：《综合素质评价背景下教师评价素养的缺失、探因与提升》，《当代教育与文化》2023年第6期，第83~88页。

④ 卢立涛、梁威、沈茜：《我国课堂教学评价现状反思与改进路径》，《中国教育学刊》2012年第6期，第43~47页。

⑤ 冯安然、崔浩、刘济良：《新高考改革的实际困境及其应对》，《教学与管理》2024年第12期，第99~103页。

标准研究过于追求统一、评价环境育人力研究欠缺等。为了适应未来课堂教学发展的需要，继续促进课堂教学评价研究内容的多元化，课堂教学评价的多元视角研究应从以下四个方面进行：促进课堂教学评价主体的多元化、促进课堂教学评价对象的多元化、促进课堂教学评价方法的多元化和促进课堂教学评价结果的多元应用。[①]

三 创造力研究与课堂评价研究的综合述评

本部分通过对创造力研究、课堂评价研究的综合述评，以及对创造力和课堂评价之间关系的研究的阐述，为本书研究提供理论、智力支持。

（一）创造力研究的综合述评

依据对创造力研究的历史演变分析、内容分析和方法分析等，本书认为关于创造力的概念大体存在两种观点：过程观和结果观。当创造力被视为过程共识性概念时，其涉及对特定问题的精准把握、信息收集、创造性思维的激发、评估等内容。[②] 当创造力被视为一种结果共识性概念时，其侧重于自身的性质，如流畅性（萌生创意的数量）、灵活性（见解涉及领域的数量）与原创性（与已有见解的差异程度）。[③] 对于创造力的过程观或者是结果观，有诸多国内外研究文献进行了阐释。此外，我国学者在培养学生核心素养的时代背景下，提出创造力对人才培养质量有至关重要的影响。[④] 更有学者基于创造力领域的研究进展，在素养视角下研究创造性问题解决的基本内涵，并提出问题的

---

① 刘志军、徐彬：《我国课堂教学评价研究 40 年：回顾与展望》，《课程·教材·教法》2018 年第 7 期，第 12~20 页。

② Amabile，T. M.，"The Social Psychology of Creativity：A Componential Conceptualization"，*Journal of Personality and Social Psychology* 45（2），1983.

③ Amabile，T. M.，"A Model of Creativity And Innovation in Organizations"，*Research in Organizational Behavior* 10（1），1988.

④ 胡朗宁、吕立杰：《学生创造力评估：国际经验及未来展望》，《外国教育研究》2024 年第 4 期，第 63~80 页。

四种类型——日常问题、学科问题、跨学科问题、跨领域问题，进一步强调在义务教育阶段重点培育学生的微创造性和小创造性，旨在让学生经历模拟专家解决创造性问题的过程，进而基于我国学校现有的课程结构形成指向创造性问题解决的项目化学习的整体框架。[①] 笔者认为创造力是作为促进学习与发展活动的一种能力系统而存在于现实之中的，是主要关涉新知识、新资源的捕捉与综合运用以及将其重组并加工出新颖、独特产品（理念）的一种将知识内化并灵活运用的综合能力。而初中生创造力是指作为促进初中生学习与发展活动的一种能力系统存在于课堂教学活动中的，主要涉及新旧知识、自主学习方法与创造性思维等的将知识重组并内化形成新颖而又独特观点的综合能力。需要重复强调说明的是，初中生的学习与发展是初中生创造力发展的原动力，这是一种知识、智力和人格等方面的动态且螺旋上升的综合能力。

牢牢抓住初中阶段这一学生创造力发展的关键期，需要科学、合理而有效地研究如何发展初中生的创造力，为国家培养创造性储备人才，因而需要对创造力进行深度研究。创造力一般是由知识、智力以及人格等诸多方面的综合因素相互作用而形成的综合能力。创造力研究经历了漫长的发展历程，本书对其发展历程进行考察和评析，同时结合我国研究者对学生创造力的研究的最新成果，努力扭转当前我国学生创造力不够强的局面，希冀能够为新时代教育评价下的学生创造力发展开辟一条可供借鉴的路径，并通过课堂评价有力地促进初中生学习与创造力发展。

（二）课堂评价研究的综合述评

综合已有的相关研究成果，关于课堂评价的研究主要聚焦于学生。国外学者古斯基认为，"课堂评价是围绕学校日常教育教学活动进行的

---

① 夏雪梅：《指向创造性问题解决的项目化学习：一个中国建构的框架》，《教育发展研究》2021年第6期，第59~67页。

各种评价形式的总称"①。我国学者沈玉顺和覃兵等人认为课堂评价主要以学生为对象,并着重指对学生学习情况开展的综合评价。② 国内外有许多研究文献对课堂评价的主体进行了相关阐释。需要明确的是,评价的目的是提供反馈促进学生学习与发展,而不仅仅是做出一种价值判断,或者说为了评价而评价。鉴于此,需要明确课堂评价研究的主要聚焦议题——核心素养视角下的课堂评价、学科教学的课堂评价、促进学习的课堂评价和课堂评价存在的问题及策略等,从中我们可以深刻地认识到"课堂"是一种开展评价的限定性场域,课堂评价研究应主要聚焦于课堂中。同时也要注意区别课堂评价与其他相关概念:不同于课堂教学评价③,课堂评价是对学生学习与教师教学的综合评价;不同于智商测验等心理或能力倾向的评价,课堂评价是一种对学生的学习与教师教学的评价,重点不在于价值判断而在于收集学生的学习与教师的教学信息并综合运用。所以,课堂评价应全程嵌入教学过程之中,学生学到哪里,评价就伴随到哪里,教学也伴随到哪里。④ 课堂评价旨在为学生的学习与发展提供改进和提升的有效策略。

课堂评价作为促进学生学习进步与创造力发展的关键环节,是教师日常课堂教学实践的重要组成部分。对加强评价即育人的导向有着不可替代的作用。为了科学、合理而有效地对学生的学习和创造力发展进行探索,就需要对课堂评价进行综合性研究。而国外关于课堂评价的研究是随着班级授课制的形成而产生的,在不同时期出现了不同的研究倾向,不同的研究者也持有不同的研究观点,对其已有研究的整体状况进行考察和评析,能够为新时代教育改革背景下的课堂评价发展探索出一条路径,在此基础上,运用集体研究成果和实践智慧,发挥合力,可以通过有效的课堂评价促进学生的学习进步与创造力发展。

---

① Guskey, T., "Making Standards Work", *The School Administrator* (9), 1999: 44.
② 沈玉顺编著《课堂评价》,北京师范大学出版社,2006;覃兵:《课堂评价策略》,北京师范大学出版社,2010。
③ 许娜、高巍、郭庆:《新课改 20 年课堂教学评价研究的逻辑演进》,《教育研究与实验》2020 年第 6 期,第 49~55 页。
④ 马光贤:《课堂评价:为促进学习而评》,《中国教育学刊》2024 年第 1 期,第 102 页。

（三）创造力与课堂评价关系的研究

课堂评价是基础教育评价体系的重要组成部分。它以促进学生全面而有个性的发展为根本目的；它着眼于发现学生的优势、特长，注重发挥评价对学生成长、学生创造力提高的促进功能。评价最重要的功能不是证明，而在于改进与提升。特别是在课堂评价的方向把握上，应主要聚焦于对学生课堂学习状况的及时判断，致力于对学生学习与发展进行过程性的促进。在现代教育评价理论研究的影响下，课堂评价活动，特别是一些具有良好的评价素养的教师开展的课堂评价活动，经常采用大量自我评价结合少量他人评价的形式[1]，且更多地转向促进学生学习质量提高、创造力发展的形成性评价。由此可见，教师在课堂上仅仅是为了评价而评价、强加评价的现象逐渐在减少，课堂评价显然已逐渐成为课堂教学不可分割的一部分。

课堂评价在不同情境中对于学生的有利作用是不同的，主要分为诊断作用和激励作用。课堂教学中，通过课前、课中和课后学生的表现，教师可以了解每个学生在课堂中的学习情况，从而知晓其对于教学内容的掌握程度，分析推动形成这一现状的有利或不利因素，针对学生的学习与发展问题及时采取补救措施，并对学生的创造力方面的优势加以引导与利用。这就需要发挥课堂评价的诊断作用、激励作用。对学生表现出色之处给予正面的课堂评价，会增强学生学习动力，使学生创造力的发挥得到自我激励和教师认可，从而强化学生自身学习和发挥创造力的积极性。而对于学生的不足之处，可予以适当的否定评价，这将成为学生努力赶超的动因；此外，也可以在评价中给学生留白让其深思。总之，在促进学生学习与创造力发展的课堂评价体系中，评价是推动学生学习、创造力发展和改进教学的重要支架，需要有机地融合在教学设计、教学过程与结果的整个流程中，形成一个闭环：行动—研究—改进—行动……

---

[1] 刘志军：《课堂评价论》，广西师范大学出版社，2002，第22页。

第二章　初中生创造力发展和课堂评价的理论分析

　　根据创造力和课堂评价的特征，不难发现创造力发展和课堂评价之间存在许多关系，比如正确开展综合素质评价有利于初中生的个性发展；给予学生参与机会的课堂评价能够让学生真正融入课堂中，切实让学生感受自主性；具备良好的教师评价素养的教师更能营造良好的课堂氛围，激发学生积极性；在学习过程中灵活选择与使用形成性评价也能够促进学生不断提高创造力。本章对初中生创造力和课堂评价的理论基础、特征以及创造力发展与课堂评价的关系进行阐述，期望对开展提升初中生创造力的课堂实践有所启发。

一　理论基础

　　在追求创新发展的时代，促进初中生的创造力发展这一任务也显得尤为紧迫，国内外的创造力发展理论为促进初中生的创造力发展提供了理论基础。开展对促进初中生创造力发展的研究离不开创造力相关的理论基础支持。本部分内容安排如下：首先，阐述人的全面发展理论，我国教育皆是从促进人的全面发展出发的；其次，阐述主体性教育理论，人首先是作为主体存在于社会中的，这是考虑主体性问题的逻辑起点；再次，用多元智能理论明确人的智能的多样性，给教育教学提供理论依据；从次，依据发展性教育评价理论阐明当代教育评价发展的重要趋势；最后，结合初中生的发展特点，关注初中阶段学生与创造力密切相关的学习兴趣、自主学习等。

（一）人的全面发展理论

促进人的全面发展是贯穿我国教育政策和教育研究的主要思想，也是促进初中生创造力发展的课堂评价研究的最终目的。本部分对马克思关于人的全面发展的理论主要从四个方面展开论述，分别为"人的需要的全面发展"、"人的实践活动及能力的全面发展"、"人的个性的全面发展"和"人的社会关系的全面发展"。

首先，人的需要的全面发展。全面发展意味着每一个人真正占有自己，自己为自己所拥有。在马克思关于人的全面发展的论述中，需要是人的全部生命活动的动力和依据，也是人的需要引起了人的行为活动。人的所有行为都由需要引起，某种程度上个人的需要决定了其生活状态。需要是人活动的内在动力。在原始社会中，人们需要的层次比较低，随着社会的不断发展，人们的需要的层次不断提升，并向多元化方向发展。马克思指出，"任何人如果不同时为了自己的某种需要和为了这种需要的器官而做事，他就什么也不能做"[1]。他认为，人的发展伴随着人类需要的发展。马克思和恩格斯将人的需要分为三类，即生存需要、享受需要和发展需要。满足了以上三类需要才能真正意义上促进人的发展。其中，生存需要是人类维持自身生存的最基本需要，主要涵盖人们日常的衣、食、住、行等方面的要求；享受需要是指人在满足了低一级的需要后，会去试图满足的更高一级的需要[2]；发展需要是人们在满足了前两种需要后产生的一种最高级的需要。随着社会的不断进步，物质生活得到极大丰富，人们的发展需要也受到越来越多的关注。

其次，人的实践活动及能力的全面发展。正如马克思所指出的，人类历史发展的动力就是人类在实践活动中有意识的互动。实践活动指人

---

[1] 《马克思恩格斯全集》（第 3 卷），人民出版社，1960，第 286 页。
[2] 王芳：《社会主义敬业观的生成逻辑研究》，《改革与开放》2019 年第 13 期，第 63~67 页。

本身参与到自然以及社会中的活动。人的全面发展也与人的实践活动的发展密切相关。随着社会的不断进步，人的实践能力也在不断增强。人是社会实践的产物，人通过实践来增强自己各方面的能力与素质，并在社会实践活动中不断地充实自己、发展自己。因此，人活动的全面发展和人的全面发展是一致的，它们之间相辅相成、相互促进。

再次，人的个性的全面发展。人的个性是人各种特质的综合体，是由密切相关、相互作用的多方面元素所构成的。人的个性既包括个人倾向的特征，如人的需求、兴趣、理想和信念等，也包括个人的心理特征，如人的性格等，还包括个人的社会性格，它主要指一个人的社会形象和精神特征，这是个人间差异的重要象征。① 更好地发展人的个性，就能使人更容易参与到社会交往中，并在社会交往中充分展示自己的个性与能力，从而在这个过程中不断形成自己的优势智能。

最后，人的社会关系的全面发展。马克思指出，人是所有社会关系的总和，是复杂社会关系中社会实践的产物。人的本质不是单个人所固有的抽象物②，人具有社会性，每个人处于社会中必然会与其他人存在某种社会关系。人的发展不能够脱离社会关系，而社会关系同样促进着人的发展。同时，人的能力的改善和提升与社会关系的发展也是紧密相连的。随着个人交往范围的不断扩大，其社会关系从单纯到复杂，个人和其他社会成员的联系不断加强。在交往的过程中，人们自身得到了很大的丰富和发展。通过交往，人们逐渐建立起丰富的社会关系，促使自己挣脱束缚，形成独特的个性，从而推动自身发展。

（二）主体性教育理论

人首先是作为主体存在于社会中的，人在参与教育这种社会实践活动时也已经是作为主体的存在，这是考虑主体性问题的逻辑起点。在主体—教育—新一级主体三者之间的关系中，人完成了从主体到更成熟、

---

① 冯波：《客观化与物化——西美尔与马克思现代性社会分析之比较》，《哲学研究》2019 年第 11 期，第 29~37 页。

② 《马克思恩格斯选集》（第 1 卷），人民出版社，2012，第 135 页。

更完善的新一级主体的蝶变过程，而这个过程是通过教育的中介作用完成的。

在马克思主义哲学中，认识论意义上的主体是指认识和实践活动的承担者。这是指"在与一定客体的关系中通过自己的自觉能动活动而获得对客体的主动态势，发挥出能动的积极作用并取得支配地位的人"[1]。不少学者认为，主体性是指主体在同客体相互作用时由本身一定的素质结构所产生的功能表现，它集中体现了人的自主性、能动性和创造性。还有学者认为，人的主体性包括三层内容：一是把自然生存条件置于自己的控制之下，做自然的主人；二是把社会和人的社会实践活动置于自己的控制之下，做社会的主人；三是把自己的言行置于自己理智的控制之下，做自己本身的主人。从上述阐述不难看出，由于受主客二元论的影响，人们对于主体性的阐释都难免带有人类中心主义的倾向，预先在人的存在与其他存在之间设定了一道鸿沟。

在对于"主体性教育"的定义方面，有些学者着眼于学生的主体性及其培养问题，认为主体性教育就是有目的地增强和发展人的现代性、有效性、能动性、创造性和自主性，通过主体性教育把受教育者培养成为具有现代思想、自我意识，能有效地、主动地、创造性地、自主地进行社会认识和社会实践的人的过程。还有些学者着眼于教育活动过程的组成及主体性表现，认为主体性教育中的主体性是指在教师主体引导学生主体依据认识规律进行学习、认识与实践以获得发展的对象性活动中表现出来的能动性、方向性、自主性和创造性。还有一种意见认为，主体性教育中的主体性主要包括相互联系的三个方面，即学生的主体性、教育活动的主体性和教育系统的主体性。[2]

本书认为真正的主体性应至少包含以下三个要素。第一，自我主宰性，即对自己的活动具有支配和控制的权力与能力。第二，自我担当性，即积极发挥自觉能动性去克服各种障碍，协调自身与外部世界，并

---

① 张天宝：《主体性教育》，教育科学出版社，1999，第18页。
② 赵平俊主编《促进学生的主体性发展》，中央民族大学出版社，2004，第146页。

为自己的行为负责的能力。第三，积极创造性，其包含两层含义。一是对外在事物的超越。主体通过变革和改造旧事物，产生新颖的、独特的新事物，它常与改革、发明、发现联系在一起。二是对自身的超越。主体在改造客观世界的同时，也改造了自身，使"旧"我转变为"新"我，实现自我的否定之否定。无论是教育过程的主体性、教育系统的主体性还是办学的主体性、管理的主体性等，都有范围太宽、涵盖内容太杂的问题，难以准确把握。因此，本书立足于受教育者主体性的建构与发展，亦即教育与主体性的契合点——"以主体性教育培养主体性的人"，认为主体性教育就是以培养学生的主体性与健全的主体性人格为出发点和目的的教育。

只有当作为教育主体之一的教师遵循了教育过程的规律和学生身心发展的规律，充分发挥了自己的主体性、尊重了学生的主体性、尊重了学生的独立人格和主体意识，把教育活动看作促进学生全面发展的活动，把学生看作真正意义上的"人"时，才能达到教育的真正目的。[①]

（三）多元智能理论

多元智能理论是促进初中生创造力发展的课堂评价研究的又一重要理论基础，这一理论明确提出人的智能的多样性，为教育教学提供了理论依据。加德纳（加登纳）在研究中从多重视角列举了确定智能种类时所采用的八个具体标准，这些标准吸收了生物科学、逻辑分析学、发展心理学、实验心理学以及心理测量学中关于能力的知识。这八个具体标准[②]如下：脑部受伤所引发的智能分离现象；人类进化的历史和进化的合理性；每一种智能都可以鉴别出一项或一套核心操作系统；在人类符号系统中每一种智能都易于编码；每一种智能都具有独特的发展历史；每一种智能都可以在"白痴学者"、"神童"和其他有特殊才能的人身上观察到；每一种智能都得到了实验心理学工作的支持；每一种智能都得

①　冯建军等：《现代教育原理》，南京师范大学出版社，2001，第132页。
②　〔美〕H. 加登纳：《智能的结构》，兰金仁译，光明日报出版社，1990，第365页。

到了心理测量结果的支持。

加德纳打破了传统智能理论所信奉的两个基本假设：一是人类的认知是一元化的，二是只要用单一的、可量化的智能就能适当而准确地描述每一个人。在此基础上他把人类的智能分为了七种（后来又增加为九种），由此提出了多元智能理论。在加德纳看来，每个人都天生在某种程度上至少拥有以下九种智能。[①]

第一，言语–语言智能（verbal-linguistic intelligence）指人掌握和灵活运用语言的能力。表现为个人顺利而有效地利用语言描述事件、表达思想并与他人交流的能力。

第二，逻辑–数学智能（logical-mathematics intelligence）指运算和推理的能力。表现为对事物间各种关系，如类比、因果和逻辑等关系的敏感性，以及进行数理运算和逻辑推理等的能力。

第三，视觉–空间智能（visual-spatial intelligence）指在头脑中形成一个外部空间世界的模型以及运用和操作这一模型的能力。表现为个人对线条、形状、结构、色彩和空间关系的敏感性，以及通过图形将它们表现出来的能力。

第四，身体–运动智能（bodily-kinesthetic intelligence）指运用四肢和躯干的能力，表现为较好地控制自己的身体、对事件做出恰当的反应以及利用身体语言来表达自己的思想和情感的能力。

第五，音乐–旋律智能（music-rhythmic intelligence）指个人感受、辨别、记忆、表达音乐的能力，表现为个人对节奏、音调、音色和旋律的敏感性，以及通过作曲、演奏、歌唱等形式来表达自己的思想或情感的能力。

第六，人际关系智能（interpersonal intelligence）指有效地理解别人以及与人交往的能力。表现为觉察、体验他人情绪、情感和意图并做出适当的反应的能力。

第七，自我认知智能（intrapersonal intelligence）指认识、洞察和反

---

① 〔美〕霍华德·加德纳：《多元智能》，沈致隆译，新华出版社，2004。

省自身的能力，表现为正确地认识和评价自身的情绪、动机、欲望、个性、意志，并在正确的自我意识和自我评价的基础上实现自尊、自律和自制的能力。

第八，自然观察智能（naturalist intelligence）[1] 指观察自然的各种形态，对物体进行辨认和分类，洞察自然或人造系统的能力。表现为认识到其他物种或类似物种的存在，或者把几种物种之间的关系罗列出来等的能力。

第九，存在智能（existential intelligence）指提出并思考关于生命、死亡与终极本质的问题的能力。存在智能的代表人物有亚里士多德、孔子、爱因斯坦、柏拉图、苏格拉底等。

在上述智能的开发和培养中，环境和教育起着重要作用，每一种智能通过恰当的教育和训练都可以发展到更高的水平。

此外，多元智能理论的特征包括强调智能的多元性，即人的智能是由多种要素构成的，这些要素是多维度的、相对独立地表现出来的；强调智能的文化性，即智能与一定的社会文化环境下人们的价值标准有关，社会文化背景不同，人们对智能的理解也不同；强调智能的差异性，即环境与教育的差异致使个体智能在发展方向、发展程度和表现形式上存在明显的差异性，每个人的智能各具特点；强调智能的实践性，即认为智能是个体解决实践问题的能力，是在实践中发现新知识和创造新产品的能力；强调智能的开发性，即人的多元智能发展的关键在于开发。

（四）发展性教育评价理论

在发展性教育评价的理念基础之上，促进初中生创造力发展的课堂评价由侧重甄别转向注重诊断、激励和发展，这成为当代教育评价发展的重要趋势。

发展性教育评价理论是由现代教育理论、建构主义理论和后现代主

---

[1] 霍力岩等：《多元智力理论与多元智力课程研究》，教育科学出版社，2003，第14页。

义理论这三大理论逐渐融合发展而来的。现代教育理论为发展性教育评价的产生和发展提供了理论上的依据，其中以下三种理论的作用最为重要：苏联著名心理学家维果斯基的"最近发展区"理论[①]，赞可夫的"一般发展"理论以及美国哈佛大学教授、发展心理学家加德纳提出的多元智能理论[②]。

首先，阐述发展性教育评价的内涵。发展性教育评价是 20 世纪 80 年代以后发展起来的一种教育评价的新理念。当时美国印第安纳大学教育学院的库巴（E. G. Guba）和林肯（Y. S. Lincoln）在他们合作出版的《第四代教育评价》中提出教育评价是所有参与的人的心理共同构建的过程，倡导增强评价的民主性和树立多元的价值观。到 90 年代初，英国开放大学教育学院拉托尔（Latoner）和克利夫特（Clift）等人提出了发展性教育评价的思想，倡导在教育评价中以人为本，在注重专业发展的同时也注重个性的发展。

林少杰将发展性教育评价定义为"通过系统地搜集评价信息和进行分析，对评价者和评价对象双方的教育活动进行价值判断，实现评价者和评价对象共同商定发展目标的过程"[③]。发展性评价区别于选拔性评价和水平性评价，指的是在整个发展过程中进行的、旨在促进被评价者不断发展的评价。[④] 发展性教育评价关注学生发展，它要求教学评价贯穿于教学活动的整个过程；发展性教育评价的目的在于促进学生发展、促进教师素质的提高、促进教学实践的改进，它提倡促进学生个体价值的实现，体现以人为本的教育理念。

其次，发展性教育评价的特点。发展性教育评价大致具有以下特点：第一，具有发展性和合作性，其最终目标是促进学生全面发展；第二，具有层级性和个体差异性，比如目标分为短期发展目标、中期发展

---

① 高文、徐斌艳、吴刚主编《建构主义教育研究》，教育科学出版社，2008。
② 杨丽：《多元智能理论对学生评价的启示》，《教育探索》2002 年第 3 期，第 48~49 页。
③ 林少杰：《发展性评价的认识》，《现代教育论丛》2003 年第 6 期，第 27~30 页。
④ 董奇、赵德成：《发展性教育评价的理论与实践》，《中国教育学刊》2003 年第 8 期，第 22~25 页。

目标、长期发展目标等，个体发展状况不同其目标也不相同；第三，要求制定双方认可的发展目标和评价计划，教师和学生作为评价双方在互相认可、互相合作的基础上完成评价，沟通和教学合作贯穿于评价的整个过程。

由于发展性教育评价具有层级性①，被评价者会针对不同层次的发展目标，制定符合本人实际的发展目标，评价双方都努力实现其自我发展目标，一个层次的发展目标实现后，向更高层次的发展目标迈进，将评价贯穿始终，使个体在每个阶段更新对自我的认识，保障自我发展的连续性，达到不断完善自我的目标，评价主要是看发展和进步情况而非片面地追求评价标准的统一性。

（五）初中生发展特点

促进初中生创造力发展的课堂评价研究应基于初中阶段学生发展特点，尤其是异于学前阶段和小学阶段学生的、初中生所特有的发展特点。促进初中生创造力发展的课堂评价研究应关注初中阶段学生所独有的与创造力密切相关的在学习兴趣、自主学习、知识的获取能力、知识的运用、知识的评价等方面的特点。初中阶段的学生已经进入青少年阶段，学生心理和生理发展皆比较迅速。

初中阶段学生的年龄在 12~16 岁，与身体发展相类似，他们的思维也开始发生变化。虽然大部分学生的感觉、知觉、注意、记忆以及情感、意志仍保留着小学阶段的诸多特点，但大多数学生的思维特点由形象思维向抽象思维过渡，逻辑思维能力处于初步形成阶段。同时，初中生此时的独立性和差异性已发展到一个新的水平，已不满足于学习老师所讲的和课本中的知识，有时会提出与其不同甚至相反的看法和意见等。因此，在这个阶段来培养他们的创造力，就显得更为重要。按照皮亚杰的认知发展阶段理论，初中阶段的学生已经处于形式运演阶段。这

---

① 蒋建洲编著《发展性教育评价制度的理论与实践研究》，湖南师范大学出版社，2000，第6~7页。

个阶段的初中生能够提出假设并进行论证和判断，依据可能的变换形式借助于推理得出结论；或者是进行因素分析和科学实验，从而解决相关研究问题，提出科学创见和做出理论创新。[①] 因此，初中阶段是培育学生创造力的一个关键期。

二　创造力和现代高质量课堂评价的特征

本部分将创造力的特征主要概括为独特性、探索性、破"旧"性、灵活性、发散性、综合性。对于现代高质量课堂评价的特征，则从有清晰明确且与学习目标一致的评价目标、运用与目标相匹配的评价方法、让学生参与评价过程、正确运用评价结果这四方面进行分析说明。

（一）创造力的特征

1. 独特性

毫无疑问，创造力最大的特点在于它与众不同。产生新非凡思想的能力，表现为产生新奇、罕见、首创的观念或者成就的能力。当个人面对问题情境时，能够独具匠心、别具一格，想出不同寻常、超越自己或者同辈已有的意见、具有新奇性的主意。对同一问题所提的不同见解中，愈新奇独特者其独创性程度就越高。每个学生都是独立的个体，故都有自己独特的内心世界、精神世界和内在感受等，拥有有别于他人的观察、思考和处理问题的方式方法。换句话说，每个学生都有着独特的个性，每个学生的学习方式本质上都是其独特个性的具体体现。学生创造力发展更强调要尊重每一个学生的独特个性和具体生活，为每一个学生独特而富有个性的发展创造适切的空间。

2. 探索性

所有希望自己拥有或者展现创造力的人，都需要有探索的准备与能力，因为创造力的获得并不是一蹴而就的，而是需要不断地积极探索。

---

① 　吴福元：《皮亚杰形式运算思维述评》，《外国心理学》1984年第3期，第15~19页。

探索是人类认识世界的一种基本方式，人类正是因为对未知领域进行不断探索才实现了自身的发展，儿童有一种与生俱来的进行探索性学习的倾向，正如苏霍姆林斯基所述："在人的心灵深处有一种根深蒂固的需要，那就是希望自己是一位发现者、探索者，这种需要在儿童精神世界中尤为强烈。"①

3. 破"旧"性

创造力之所以能够孕育出新颖事物，之所以能够做到独出心裁，就是因为其"新"——新点子、新方法和新观念，而这些"新"正好又是在破"旧"的基础上建构起来的。在教育视野中，破"旧"就是"去习惯化"，把已有的固定思维破除，获取新的知识，重新自主建构自己的新旧知识，但是很明显，做到这一点是非常困难的。正如美国经济学家约翰·梅纳德·凯恩斯（John Maynard Keynes）所说："世界上最难的事情可能并不是让人们接受新鲜事物，而是让他们忘却原来的旧观念。"②

4. 灵活性

灵活性即变通性，指应变能力和适应性，以及及时改变方向的能力。在现实中是指个人面对具体问题情境时，不墨守成规、生搬硬套，而是能随机应变、触类旁通；在这里主要是指运用创造性思维的方式方法、途径等都不固定。因此进行创造性思维活动的学生可以在知识的海洋里纵横驰骋，可以在想象的天空中自由翱翔，可以从一种意境进入另一种意境，多层次、多方位地探寻解决问题的尽可能多的方法。当发现自己的错误思想时，能够随机应变，很快地进行纠正，改变自己的原有看法，调整自己先前的认识，从而获得创造性的成功。

5. 发散性

发散性指的是针对一个问题尽可能多地挖掘解决它的可能性，从一个点向四周发散，以寻求各种不同的知识和答案，就像一个小小的回形

---

① 转引自邹权伟《注重小学数学教学中的创新灵感培养》，《中国教育学刊》2017年第7期，第104页。
② 转引自翟文明《提高你的创造力》，光明日报出版社，2011，第8页。

针可以用来做各种不同的事情一样。而在教育中，特别是在学生创造力的发展过程中，可以尝试使用下面的学习方法鼓励学生进行发散性思考。

材料发散法——以某个学习用品为例，尽可能多地发现其"材料"，以其为发散点，设想它的多种用途。

方法发散法——以某种方法为发散点，尽可能充分地利用方法的各种可能性。

因果发散法——以某个事物发展的结果为发散点，倒推出尽可能多的造成该结果的原因（逆推法），或者由原因推测出尽可能多的可能产生的结果（顺推法）。

功能发散法——从某事物的功能出发，尽可能多地设想出实现该功能的可能性。

结构发散法——以某事物的结构为发散点，设想出利用该结构的尽可能多的可能性。

形态发散法——以事物的形态为发散点，设想出利用某种形态的尽可能多的可能性。

组合发散法——以某事物为发散点，把它与其他事物组合成尽可能多的新事物。

6. 综合性

综合性通常是指将不同部分、不同事物的属性合并为一个整体来分析。学生创造力的发展本身就是一个综合性的发展过程，是对多种思维方法和逻辑模式的综合运用，它强调的是各种因素与方法之间的整合。换句话说，由于创造性思维的多维性，即从不同的角度和层次出发思考问题，创造性思维在认识客体面前，既是纵向思维和横向思维的融合，又是发散思维与收敛思维等多种思维方式的交织和统一。

（二）现代高质量课堂评价的特征

1. 有清晰明确且与学习目标一致的评价目标

学生评价的目的是让学生为应对未来社会的挑战做好准备，而不是检验学生对学过的知识记住了多少。评价旨在为每一个学生提供适宜的学习条件，促进其发展，帮助每一个学生达到既定目标。例如，国外学者维金斯（Wiggins）提出"评价的主要目的应该是引导和激励学生面对成人现实世界的挑战"[①]。在教育深度改革的浪潮中，教育评价呈现出许多新的特点，这也标志着以学生成长为基础、以"幸福+成功"为目标的强调个性化与全面综合发展的教育时代的来临。

随着学习学的发展，以往建立在心理测量学基础上的关于学习的评价范式逐渐显现出其内在的弊端。学者们试图通过促进学习的评价来发展一种新型的评价文化，这种文化强调全纳，不让一个儿童掉队。[②] 英国、美国、澳大利亚、新西兰等许多国家的评价专家或教育评价机构等都在进行促进学习和创造力发展的评价研究。在促进学生学习的基础上，开展课堂评价更有利于促进初中生的创造力发展。

评价目标应当与学习目标高度一致。课堂评价只有具备清晰明确的目标，才能保证评价设计适当，收集到准确的信息。清晰明确的目标能对学生的学习起到导向作用。学生明确评价目标后，才会清晰地知道什么是"好"的表现，才更有可能主动地朝这个方向努力，进一步增强对学习的兴趣和欲望，这有利于培育初中生的创造性思维。

2. 运用与目标相匹配的评价方法

课堂评价在学生学业评价体系中的地位十分重要，对改进学生的学和教师的教具有不可替代的作用。然而当前的课堂评价状况不容乐观，深究其内在的原因，在于长期以来受到总结性评价的影响，形成性的课堂评价被边缘化等。

考试与测验是学生学业成就评价的重要内容，也是自古以来对学生进行评价的主要形式。考试与测验在教育领域的长期使用，使公众乃至大多数教育工作者形成了这样一种认识，即考试和测验结果可以比较清楚、直观地反映学生的学习情况和教师的教学情况。通过考试和测验，

---

① Wiggins, G., "Moving to Modern Assessments", *Phi Delta Kappan* 92 (7), 2011: 63.

② Santos, L., Pinto, J., "Is Assessment for Learning Possible in Early School Years?", *Procedia—Social and Behavioral Sciences* 12, 2011: 283-289.

教师和学校能够准确地评定学生的学业成绩，并可以据此对学生或教师采用相应的管理措施。因此考试与测验在传统学生评价制度中获得了至高无上的地位，几乎成为对学生进行评价的唯一形式。而其他形式的学生评价，由于评价结果难以具备测验和考试结果所具有的那种"客观性"和"精确性"，遂成为学生评价制度可有可无的附属品。随着标准化测验的盛行，纸笔测验和考试更是演变为课堂评价唯一重要的手段，成为各级各类学校控制教育教学质量的工具。事实上，心理学和评价学研究早已发现，纸笔测验这一评价方式只适宜评价某些简单的知识和技能，无法评价学生的高级思维技能、情感、态度和价值观以及社会交往能力。以纸笔测验和考试为唯一重要评价形式的课堂评价制度，无法对学生做出全面的、真实的评价，事实上可以说是以偏概全的，由此必然会导致学校的教育教学工作和学生的学习行为出现偏差。

传统的课堂评价活动，重视对学生的事后评价，轻视对学生学习过程的评价，使评价应有的教育效用大大降低。对于结果的过分重视，使学生只关注自己的学习结果和分数，使教师丧失了在教学过程中了解学生、了解自己教学的机会，失去了及时发现和改进教学、及时指导和帮助学生改进学习的机会。

随着新型知识观和学习观的产生与发展，当前教育评价实践领域正在发生一场范式的转型，涌现出一些新型的评价方式，如表现性评价、写实性评价、档案袋评价等，同时国外的一些评价项目也相继被介绍和引入。但在实践中发现，这些外来的新型的评价方式由于缺少适宜的生存土壤，并没有在我国教育实践中"落地生根"。国内虽然也有一些本土化的先进评价理念，如发展性评价，但这些评价理念更多还只是停留在理论研究层面上，存在缺乏操作可行性等问题，相关学校实践比较滞后。

课堂评价要起到促进初中生创造力发展的作用，就必须收集有关学生当前学习状况的准确信息。能否做到这一点在很大程度上取决于所运用的评价方法。课堂评价中可用的方法有很多，选择的标准依据是这种方法与评价目标的匹配性。

3. 让学生参与评价过程

综合素质评价是一种追求学生个性发展的评价，开展综合素质评价是构建素质教育评价观的内在要求。与之相对的应试教育及其评价体系的根本问题在于其根深蒂固的工具主义教育评价观。其将教育视作社会控制的工具，进而把人看作控制的对象，教育的工具化也意味着教师和学生的工具化，那么学生评价就变成了评价学生素质的一个环节，将身心分离，忽视了学生内部素质的变化。还需要注意的是应试教育采用一种以目标为取向的教育评价观，基于工具主义素质观把人的素质从整体肢解为部分的过程，就是确定具体教育目标的过程。评价的作用是检验学校教育质量是否合格。这种评价取向主要是受西方课程史上两位教育家泰勒（R.W.Tyler）和布鲁姆（Bloom）的影响而形成的，"泰勒原理""布鲁姆教育目标分类学"都体现出目标取向的评价思想，这种评价思想的理论基础是工具理性或者技术理性。[①] 而对于我国而言，应试教育评价体系不仅受西方评价思想的影响，还受我国源远流长的"科举文化"的影响。科举制度虽然早已被废除，但是过去几千年科举考试制度中的"以分取人""采用唯一评价标准""工具主义评价观"等理念已经深深地烙印在国人的思想意识中，人们会无意识地延续某些科举评价的标准，而当前的应试教育在某种程度上就受到科举考试制度的深远影响。

长期以来，高利害的外部评价在我国学生评价中长期占据着主导地位，致使学校内部对学生的评价被外部统一的标准化考试所遮蔽，课堂层面的评价长期无人问津，与其相关的研究与实践更是遭受极大的不利影响。诚如有学者所言，"在全国的学区、学校、班级中，教育者仍然用60年前的评价方式来评价学生，因为他们还没有机会学习新的视角和实践"[②]。目前，虽然人们对课堂评价地位重要性的认识逐步加强，但

① 李雁冰：《课程评价论》，上海教育出版社，2002，第59页。
② Stiggins, R., "New Assessment Beliefs for a New School Mission", *Phi Delta Kappan* 86 (1), 2004：22-27.

国内的相关研究大部分是零碎的、浅显的，系统的、深入的研究相对不足。

在传统课堂评价实践中，学生是教师评价的对象，只有被动接受评价的义务，没有主动参与评价的机会和权利。学生只能按照学校和教师制定的评价标准、程序和方法接受评价。课堂评价的过程，就是学生根据教师的指令被动地提供评价信息的过程。对于评价结果，学生往往只能无条件接受。这种重教师、轻学生的课堂评价制度，因袭陈旧落后的教学传统，将学生当作被动接受知识的"容器"，当作机械训练的对象，忽视学生作为学习者的主观能动性，把学生的学习当作预先设定的教学模式，旨在维护教师的教学权威；不承认预设课堂评价标准以外学生的成长进步，不允许学生的学习偏离既定的评价标准，在很大程度上剥夺了学生展示自己个性特长的权利和机会；对评价带给学生的心理感受缺乏考虑，不够重视学生自主学习意识和学习能力的培养。重教师、轻学生的评价制度带来的消极后果之一，就是学生学习的主要动机长期来源于外部压力而非学生为实现成长发展而产生的内在主动的学习愿望，学习的过程只能在教师的规范要求下被动进行，对于学习结果，学生往往只满足于在考试中取得一个好分数，学习主动性差，学习方法偏重于知识的识记和再现，思维方法狭隘保守，缺乏创新精神，缺乏为了自主发展而学习的积极动机。

从政策文本层面分析，教育部政策提出，"高中教师要充分利用写实记录材料，对学生成长过程进行科学分析，引导学生发现自我，建立自信，指导学生发扬优点，克服不足，明确努力方向"①。所以，教师在秉持促进学生全面而有个性地发展的评价理念的同时，还要以学生的改进与提高为核心导向开展课堂评价。

近年来倡导的素质教育是为克服应试教育弊端而提出的一个概念，其意义或者目的不在于培养某一种"素质"，而是尊重每个人的个性发

---

① 《教育部关于加强和改进普通高中学生综合素质评价的意见》，中华人民共和国教育部网站，2014 年 12 月 10 日，http://www.moe.gov.cn/srcsite/A06/s3732/201808/t20180807_344612.html。

展的独特性和整体性，既追求人的个性发展也要求人的整体发展。① 首先，它把教育视为社会的能动力量，而不是一种被动适应社会的工具。其次，它尊重每个学生的个性自由以及人与人之间的合作精神。最后，它采用的是主体取向或解放取向的评价。

第一，综合素质评价是真实性、过程性评价。在西方尤其是美国，20 世纪 90 年代以来最引人瞩目的评价新理念就是"真实性评价"（authentic assessment）。② "真实性源于评价最重要的方面，而非评价最能带来方便的方面。"现实中的许多评价往往为了保障管理和控制的方便而进行，它们脱离了学生真实的生活和个性发展需要，不仅是人为的、虚假的，而且是扭曲学生个性的、反教育的。评价需要走向真实——回归学生真实的生活世界、真实的学科知识和个性发展的真实需要。诚如马什所言，"真实性评价认为课程必须在尽可能广泛的领域指导学习；因此，对于课程本身应该根据它在多大程度上有利于发展学生的深刻理解力来评价，这里的理解力不仅是对学科的理解力，而且包括对自己生活的理解力"③。过程性评价是真实性评价的题中应有之义。这就意味着要走出"从课程到教学再到评价"的线性回路，使课程、教学、评价变成三位一体，评价由此成为丰富多彩的教育过程的一部分，本身就具有教育价值。

"综合素质评价即真实性评价、过程性评价"这一命题，包括下列内涵：综合素质评价不仅要关注学生学习特定内容或完成特定任务后所获得的结论，还要关注学生解决问题的过程及策略；综合素质评价致力于让学生展示其学习或思维过程，呈现其解决问题的假设和策略，欣赏每一个学生学习同一项内容、解决同一个问题时的不同方式、思维风格和独特理解。既然"学会学习"比学会某种或某些具体知识和技能更重

---

① 李雁冰：《关于素质教育评价的理论问题》，《教育发展研究》2009 年第 24 期，第 26~31 页。

② Wiggins, G., *Educative Assessment* (San Francisco：Jossey-Bass, 1998)；Eisner, E. W., "Reshaping Assessment in Education：Some Criteria in Search of Practice", *Journal of Curriculum Studies* 25 (3), 1993：100.

③ 〔澳〕科林·马什：《理解课程的关键概念》（第 3 版），徐佳、吴刚平译，教育科学出版社，2009，第 65 页。

要，那针对学习过程或解决问题过程的评价就一定比对学习结论或结果的评价更重要。①

第二，综合素质评价的设计应使一个问题有一个以上的正确解决方法或答案。答案标准化、唯一化往往是封闭的"标准化测验"的特征。然而解决问题不只是获得答案，还包括在多种可能性中选择最优的方法、策略和方案。综合素质评价的一个重要特点是追求"理智的真实性"和"实践的适切性"。因此，无论是评价学生的学科学习，还是评价其生活实践学习，都应设计存在多种解决方法或答案的任务，以真正培养学生的问题解决能力。

第三，综合素质评价的基本方法和形式是档案袋评价。"对学生进行档案袋评价是真实性评价运动的中心。"② 所谓"档案袋评价"（portfolios assessment），是把学生的真实学习经历及富有代表性的各类作品或其他材料作为证据，以对学生的学习和个性发展状况做出判断并加以改善的过程。档案袋评价的显著特点是学生是主导者，这不仅极大地提高了学生学习的兴趣和积极性，而且增强了学生的学习责任感，学生的发展特长和个性独特性由此获得真实而充分的体现；学生自己完善自己的评价档案的过程，就是不断反思自己的学习过程、发展探究能力并形成学习兴趣和价值观的过程，档案袋评价由此实现了知识与技能、过程与方法、情感态度与价值观等方面学习目标的整体融合；学生在构建自己档案袋的过程中不断建构自己的课程，档案袋即"学生的课程"，评价与课程由此融合；教师研究学生档案袋是不断研究、理解学生的学习和个性发展并给予指导的过程，档案袋即教学，评价和教学由此融合在一起。

总之，档案袋评价能很好体现学生学习的真实性和过程性，反映学生个性发展的需求，因而是综合素质评价的一种基本方法和形式。

4. 正确运用评价结果

在一个评价系统中，有教育政策制定者、学校管理者、教师和学生

---

① 〔美〕埃里奥特·W. 艾斯纳：《教育想象——学校课程设计与评价》，李雁冰主译，教育科学出版社，2008，第 210 页。
② 〔澳〕科林·马什：《理解课程的关键概念》（第 3 版），徐佳、吴刚平译，教育科学出版社，2009，第 67 页。

等不同的评价主体，他们对评价信息有不同方面的需求，如在课堂层面，教师需要利用评价信息去判断自己的教学是否有效，学生需要利用评价信息去评估自己在哪些方面取得进步，哪些方面还有待改进；在学区层面，教育管理者需要利用一些评价信息去判断学生是否达到了课程事先确定的学习目标；等等。由于课堂评价中学生的主体地位长期被剥夺，课堂评价特有的功能和真正的价值没有得到充分发挥，评价系统严重失衡。课堂评价在此没有发挥原本应当发挥的作用，不能为各方主体提供丰富充实的评价信息。

传统的课堂评价思想和实践，往往与根据学生学习成绩将学生"分等""排队"联系在一起，过分强调评价的甄别与选拔功能，忽视其发展性功能，过分注重总结性评价而极大地忽视过程性评价。长期以来，由于片面追求升学率等不良倾向的影响，几乎所有的学校、教师都会依据评价结果把学生分成三六九等，课堂评价成为对学生进行分等、鉴定、选拔的工具，成为服务于教育者而非学习者的管理手段，削弱了课堂评价促进学生学习与发展的功能，课堂评价变成了学校和教师对学生进行分等、鉴定的评定性活动。

课堂教学的中心——教师和学生在课堂中的很多行为都可以被看作对学习的评价。学生通过完成教师设计的学习任务、回答教师的提问等来展示自己学到的知识、技能以及形成的认知能力。教师观察学生在课堂上的言行和反应，并据此判断学生的学习进程，确定帮助学生进步的方式。这样的评价过程是日常课堂教学的重要组成部分，它可以使教师和学生双方不断反思、对话，从而进行下一步的决策。能促进学生学习与发展的评价是课程与教学的中心，实践证明，教师需要具备以下三个方面的评价的专业知识和技能：规划和设计评价；对学生的学习进行观察，并对观察到的证据和信息进行分析和解释；给学生的学习提供反馈，支持学生的自我评价。[1] 教师要善于运用那些能保护学生自主学习

---

① 〔美〕Ellen Weber：《有效的学生评价》，国家基础教育课程改革"促进教师发展与学生成长的评价研究"项目组译，中国轻工业出版社，2003，第86页。

积极性、具有选择性、能够提供建设性反馈，以及能够创造自我指导学习机会的评价方法。促进学生学习与发展的评价应该增进学生对学习目标和评价标准的理解与认同。有效学习发生的一个前提条件是学生认识和理解他所要达到的学习目标，并愿意为之努力。如果学生能够参与学习目标制定和评价标准确立的过程，他们对于目标和标准的理解和认同就会加强，达到目标的动机也会相应增强。当然，教师也要用学生能理解的术语与他们交流和讨论评价标准，并告诉学生在实践中运用评价标准的例子，使学生能运用标准对自己和他人的学习进行自我评价和同伴评价。

在促进初中生创造力发展的课堂评价中，教师应该做到：准确地指出学生学习与发展优势，提出进一步发挥优势的建议；清楚地指出学生的弱处，提出建设性的改进意见；给学生提供进一步改进学习与发展的机会。促进初中生创造力发展的课堂评价应该使学生形成自我评价的能力，能够让学生自己寻找和获得新的知识与技能。这样的学生能够在学习过程中进行自我反思，不断确认自己下一步的学习目标。教师应该培养学生的自我评价能力，使他们具备自我学习管理、自我负责的能力。① 促进学生学习与发展的评价应该承认所有学生的不同学习成就，为所有学生提供在所有教育领域的学习机会，使所有学生发挥自己的潜力，取得最大的学习与发展成就，并使所有学生的努力能够得到承认。

总而言之，促进初中生创造力发展的课堂评价是镶嵌在教学过程中的，是为了支持和促进学生的学习与发展而进行的评价。这样的评价本身就是有效教学和有效学习的组成部分。此外，课堂评价语言作为教学语言中的一种，具有激励、诊断、反馈的功能，教师所使用的课堂评价语言一定要具有时效性，要利用最合理恰当的时机对学生进行评价，以发挥出评价的价值导向作用。② 因此，教师要对课堂评价语言进行重新

① 〔美〕W. James Popham：《促进教学的课堂评价》，国家基础教育课程改革"促进教师发展与学生成长的评价研究"项目组译，中国轻工业出版社，2003，第34页。
② 李蓉：《小学数学教师课堂评价语言的有效运用》，《数学学习与研究》2021年第26期，第70~71页。

认识和学习，并不断做出反思调整，保证课堂评价语言的有效运用，以此为教学质量的提高打下基础。

三 创造力发展和课堂评价的基本关系

近年来，我国越来越重视学生创造力发展，开展创造力教育已成为我国新时代教育改革的主旋律。在学生创造力发展过程中，我们所关注较多的是创造力是什么、怎样培育的问题，却对创造力发展与课堂评价有何联系、如何进行课堂评价才能促进学生创造力发展等问题不甚明了，致使对相关理论与实践的研究的效果打了一定折扣。本部分从四方面对创造力发展和课堂评价的基本关系进行总体分析，其中，创造性思维贯穿于两者关系的始终，课堂评价的存在是两者建立关系的前提。

（一）从综合素质评价本质的视角看创造力发展和课堂评价的关系

综合素质评价追求的是"解放理性"，本质上是一种"自由实践"。[①]因此综合素质评价本质上就是个性发展评价，其内涵也必然要包括以下几点。第一，综合素质评价的对象是每个学生的个性整体。"综合素质"不是各类素质"组合""组装"的产物，不是"整体等于部分之和"，而是在发现不同素质之间内在联系的基础上使之融合变成的一个个性整体。第二，综合素质评价的方法论是"欣赏性评价"。个性发展是"内在价值"。杜威曾说："内在价值是无价之宝（invaluable）。"[②] 既然是"无价之宝"，那就不能拿来比较，只能欣赏。因此，符合个性发展要求的评价是"欣赏性评价"。这自然也是符合素质教育理念的评价。[③] 第

---

① Pinar, W. F., Irwin, R. L. (eds.), *Curriculum in a New Key: The Collected Works of Ted T. Aoki* (New Jersey: Lawrence Erlbaum Associates, 2005), pp. 144–150.

② 〔美〕约翰·杜威:《民主主义与教育》，王承绪译，人民教育出版社，2001，第256页。

③ 〔美〕比尔·约翰逊:《学生表现评定手册：场地设计和前景指南》，李雁冰主译，华东师范大学出版社，2001，第190页。

三，综合素质评价允许学生选择自己喜欢的表现形式来展示自己的学习特长与个性独特性。每一个学生不仅有自己的独特见解或个人经验，而且有表现自己见解和经验的独特方式。综合素质评价恰恰为每一个学生选择自己喜好的表现方式提供了空间。正是在个性化表现及相互欣赏、学习和研究中，每一个学生自己的观点不断完善、个性特长日渐彰显。从这个意义上说，综合素质评价是一种"表现性评价"（performance assessment）。

此外，综合素质评价是真实性、过程性评价。以促进初中生创造力发展为宗旨的综合素质评价必然面向学生真实的生活世界和学习过程，必然尊重教育过程的开放性、生成性和不可预测性，因而是真实性、过程性评价。

探讨课堂评价理念应在创造力发展视野下进行，课堂评价的开展需要有一定的理论指导，创造力发展相关理论可为课堂评价提供评价的方向和依据。因此，将课堂评价建立在学生创造力发展评价理论基础之上，把创造力发展评价的内容及标准有机融入课堂评价中，对于课堂评价的常态化落实具有至关重要的指导作用。

（二）从创造力和课堂评价的特征视角看创造力发展和课堂评价的关系

影响学生创造力发展的因素是相当复杂的，它们与发展的结果之间存在的是一种系统因果关系，其不符合所谓的线性因果律。[①] 故而影响学生创造力发展和课堂评价的关系的因素也很多，从创造力和课堂评价的特征中可以提炼出三个主要影响因素：创造性思维、教师评价、自主性。本部分从这三个方面对创造力发展和课堂评价的关系进行总体分析，以期证明创造力发展与课堂评价之间存在着重要关系。

创造力的发展是一个多维度的过程，它不仅依赖于个体的内在潜

---

① 宫秀丽：《中学生创造力发展的影响因素》，《当代教育科学》2003 年第 7 期，第 51~52 页。

能，还容易受到外部环境和教育方式的影响。在教育领域，教师的评价和学生的自主性是影响创造力发展的关键因素。创造性思维作为创造力的核心，要求个体能够超越常规，进行新颖和有价值的思考。教师的评价方式，如果能够鼓励学生探索和尝试，而不是仅仅强调标准答案，就能有效地促进学生培养创造性思维。同时，教师的评价也应当注重过程而非仅注重结果，这样可以激励学生在面对挑战时保持积极的态度，增强他们的自信心和解决问题的能力。学生的自主性也是创造力发展的重要影响因素。当学生被赋予更多的选择权和控制权时，他们更有可能主动参与学习过程，发展自己的兴趣，这反过来又会激发他们的创造力。因此，教师的评价和学生的自主性在创造力发展中相辅相成，共同构建了一个有利于创新性思维培养的课堂环境。

（三）从促进学生学习与发展的视角看创造力发展和课堂评价的关系

在培养初中生创造力背景下开展课堂评价，最主要的目的是促进初中生的学习和发展，因此，从促进学生学习和发展的视角分析创造力发展背景下应然的课堂评价，是建构当下有效的课堂评价原则、标准和评价框架的必要前提。确定课堂评价中推动创造力发展的措施时应重点考虑课堂这一环境的特殊性，而非将创造力发展的所有方法全盘融入课堂评价的范围和场域之中。在创造力发展的背景下开展课堂评价应重点关注对学生学习与发展的及时评价、及时反馈和及时改进，同时注重学生多方面能力与素质的培养。

（四）从教师评价素养的视角看创造力发展和课堂评价的关系

教师的评价素养是指教师从事评价活动所需的素质，包括评价态度、评价知识和评价能力。在日常的教学实践中，其具体表现在制定评价目标、设计评价任务、收集评价信息、解释评价信息及处理评价信息等方面。能否有效地运用评价结果改进教学，使学生学习动机和学习结果最优化，是教师评价素养的核心。教师的评价素养对学生的学习而言具有重大意义，常常决定学生学习质量的高低。如果教师缺乏评价素养，就意味着教师的专业发展会受到一定限制。例如，一项对浙江省四个地区 18 所学校教师评价素养状况的调查显示，教师所拥有的评价知识和技能十分匮乏，到了令人难以接受的程度，教师在运用评价结果进行教学决策方面表现较差（在评价素养测验中回答相关题目时的平均正确率为 37%），而在辨别不合伦理的、不合法的、不适当的评价方法方面表现最差（在评价素养测验中回答相关题目时的平均正确率为 31%）。[1]

课堂评价作为教师十分熟悉的实践领域，也是充满诸多问题的专业领域。教师日常的绝大多数教学活动围绕课堂展开，所以在某种意义上，教师的课堂评价质量决定着教学成败。评价系统应该赋予课堂评价应有的地位，如果课堂评价没有分量，教师也就丧失了最有效的促进学生学习和创造力发展的途径和方式。[2]

随着新课程实验的推进，教育理论界与部分学校教师对教学和评价的正确理念的认识日益清晰和深入。比如，多数教师能够认识到并尽力做到尊重学生、鼓励学生、展示学生的优势和特长，教师在教学实践中也倡导学生自评和互评，并尝试使用多样的评价方式。[3] 但是，由于多元化的高利害评价体系尚未形成，整个教育领域的应试教育氛围依然浓厚，课堂评价和学校评价依然把分数、升学结果作为最重要的评价标准，为了让学生在激烈的考试中排名靠前，教学和考试不断提高难度，以至于很少考虑大多数学生在这个年龄阶段所能达到的认知能力。从目前来看，能够做到将评价与创造力发展良好结合起来的还只是少数学校。大多数学校和教师即使在理念上清楚创造力发展的重要性，想要培

① 郑东辉：《教师评价素养发展研究》，博士学位论文，华东师范大学，2009，第 27 页。
② 刘辉：《追求卓越的课堂评价之路——论指向促进学习的课堂评价》，《当代教育科学》2009 年第 24 期，第 27 页。
③ 徐岩、丁朝蓬、王利：《新课程实施以来学生评价改革的回顾与思考》，《课程·教材·教法》2012 年第 3 期，第 12~21 页。

养学生创造力，也会因不知具体应该培养哪方面能力和怎么培养而不了了之，更不用说凭借有利于培养学生创造力的课堂评价促进学生成长和改进教学了。许多研究均表明教师的评价素养现状明显不容乐观，总体上相当低下，评价素养亟待提高。①

---

① 郑东辉：《教师评价素养发展研究》，博士学位论文，华东师范大学，2009，第27页。

第三章　促进初中生创造力发展的
课堂评价的现状调查分析

　　20 世纪 50~80 年代，开展现代教育评价中的课堂评价时基本上使用的是"一堂好课"的标准，并且长期采用理论演绎的方法。这种评价方法的优点在于各指标之间具有较强的独立性，各指标易形成一个完整的体系，但在具体评价中明显带有一种外来评价的倾向，很难使评价标准成为被评价者自我调节与成长的内在标准。而国外在课堂教学方面的研究主要采用自下而上的归纳法进行评价，这种方法的优点在于课堂评价的标准是从一线课堂中提炼出来的，有助于被评价者的自我成长与反思，可以转化成其成长的内在标准。但其中各指标具有较突出的离散特征，提取出来的一些课堂教学行为难以有效整合，致使评价难以掌握与开展。

　　为了使促进初中生创造力发展的课堂评价更好地体现理论研究的进展，同时又符合课堂的现实实践需要，本书认为应从理论与实践两条路径对课堂评价进行深度研究，既要有自上而下的理论演绎方法，又要有自下而上的实践归纳方法，这两种不同的方法可以在课堂评价研究中相互印证，使得课堂评价方法既符合课堂评价的原则、标准和特点，又符合促进初中生创造力发展的目标与理念。

一　问卷调查

　　在研究过程中，为了尽可能减少由研究工具造成的研究误差，问卷的研制经历了与教育学专家、统计学研究者和一线初中教师等的多次沟通以及他们的多次修正。随后笔者又对其进行了测试与修订，至此问卷才得以最终形成。

（一）问卷调查设计

1. 调查对象

调查对象为初中阶段学生，涵盖初一、初二和初三 3 个年级的学生。采用分层抽样和整群抽样相结合的方法抽样，在上海市、郑州市、开封市和昆明市共抽取 8 所学校的学生①，样本容量为学生 1150 名，这些学校皆是实施综合素质评价的学校。

2. 调查工具

根据本书研究实际，对学生进行基于自主编制问卷的问卷调查，调查内容包括学习目标、学习内容、学习方法、学习能力、学习态度和学习效果 6 个维度；此外，在问卷的最后还设计了关于课堂评价总体状况的一些问题。问卷由封闭式问题组成，主要依据课堂教学中的某些典型行为和与行为有关的理念编制而成。此问卷的问题形式分为两种。

第一种问题形式：序列量表答案格式，答案以李克特五点量表的形式表示。例如：

1. 在上课开始时，我希望老师明确提出这节课的学习目标。
A. 从不　　B. 很少　　C. 有时　　D. 经常　　E. 总是
2. 在课堂教学中，我希望学习目标是由师生共同预设的。
A. 从不　　B. 很少　　C. 有时　　D. 经常　　E. 总是

第二种问题形式：选择式的问题，选择与作答者的想法最接近的一个或多个选项。例如：

---

① 需要说明的是，调查对象不包含上海的初中预备班学生。

1.【可多选】在课堂上，你最喜欢的评价方式是？

A. 自我评价　　　　　B. 同伴互评　　　　　C. 教师评价

2. 你认为下列人群中谁应该是更合适的课堂评价的评价者？

A. 教师　　B. 校长　　C. 专家　　D. 同伴　　E. 自己

3. 调查过程

在学生问卷的编制中，笔者随着调查开展对问卷做出相应的修改与调整，2020 年 10 月进行了第一次试测，2021 年 4 月进行了第二次试测，2021 年 10 月在第一次和第二次试测，以及向相关专家、初中一线任课教师等请教并与其进行讨论的基础上对问卷做了进一步修订，最终学生问卷包括 30 道题目。通过网络问卷和纸质问卷相结合的形式，主要以委托发放的方法，以班级为单位进行发放，分别在上海市、郑州市、开封市和昆明市进行了正式调研。学生问卷发放和回收情况见表 3-1。

表 3-1　学生问卷发放和回收情况

单位：份，%

城市	初一			初二			初三			总计		
	发放	回收	回收率	发放	回收	回收率	发放	回收	回收率	发放	回收	回收率
上海市	92	85	92	90	88	98	92	90	98	274	263	96
郑州市	95	94	99	99	96	97	92	90	98	286	280	98
开封市	98	98	100	92	92	100	94	94	100	284	284	100
昆明市	102	100	98	106	105	99	98	98	100	306	303	99
总计	387	377	97	387	381	98	376	372	99	1150	1130	98

本次调查中，学生问卷共发放 1150 份，回收 1130 份，总回收率为 98%。回收后进行逐一审核，剔除 45 份无效问卷，有效问卷为 1085 份，占回收问卷的 96%。高回收率和有效率表明这一调查结果也是可以信赖的。

4. 数据分析

对回收的学生问卷进行审核后，建立编码系统，然后根据编码系统，将有效数据按照要求录入 SPSS19.0 软件系统中，并对数据进行管理和分析。

（二）问卷调查结果分析

开展问卷调查主要是为了了解课堂评价总体状况，同时也是为了从整个实践调研层面支撑对促进初中生创造力发展的课堂评价的核心要素、基本原则的分析和框架模型建构等。

经过对 1085 份有效问卷中学生课堂行为相关信息的归纳、整理与分析，具体调查结果如下。

1. 在学习目标方面

在问及"在上课开始时，我希望老师明确提出这节课的学习目标"时，调查结果如表 3-2 所示。

表 3-2　学生问卷调查结果（1）

单位：人，%

年级	从不	很少	有时	经常	总是	总计
初一	—	6	35	211	118	370
	—	(1.6)	(9.5)	(57.0)	(31.9)	(100.0)
初二	1	8	71	265	16	361
	(0.3)	(2.2)	(19.7)	(73.4)	(4.4)	(100.0)
初三	—	7	67	254	26	354
	—	(2.0)	(18.9)	(71.8)	(7.3)	(100.0)
总计	1	21	173	730	160	1085
	(0.1)	(1.9)	(15.9)	(67.3)	(14.8)	(100.0)

注：括号外数据为选择该答案的人数，括号内数据为选择该答案的人数在（该年级）有效问卷填答人数中的占比。下同。

从表 3-2 中可以发现，选择"经常"和"总是"的人数的比例之和达到了 82.1%，他们在上课开始时，倾向于希望老师明确提出这节课的学习目标。卡方检验结果表明，在初一、初二和初三的学生之间没有显著性差异，这也说明在上课开始时明确提出学习目标是初中学生共同希望的。

对问题"在课堂教学中,我希望学习目标是由师生共同预设的"的回答情况如表 3-3 所示。

表 3-3 学生问卷调查结果 (2)

单位:人,%

年级	从不	很少	有时	经常	总是	总计
初一	—	6	39	227	98	370
	—	(1.6)	(10.5)	(61.4)	(26.5)	(100.0)
初二	—	8	58	274	21	361
	—	(2.2)	(16.1)	(75.9)	(5.8)	(100.0)
初三	—	5	21	309	19	354
	—	(1.4)	(5.9)	(87.3)	(5.4)	(100.0)
总计	—	19	118	810	138	1085
	—	(1.8)	(10.9)	(74.6)	(12.7)	(100.0)

从表 3-3 中可以发现,选择"经常"和"总是"的人数的比例之和达到了 87.3%,他们倾向于希望在课堂教学中由师生共同预设学习目标。同时,初一、初二和初三的学生中均没有人选择"从不"。可见在课堂观察和教师访谈中,应关注对学习目标由师生共同预设的看法。

对问题"我希望老师将一节课的学习目标贯穿于整个课堂教学过程中"的回答如表 3-4 所示。

表 3-4 学生问卷调查结果 (3)

单位:人,%

年级	从不	很少	有时	经常	总是	总计
初一	—	4	77	193	96	370
	—	(1.1)	(20.8)	(52.2)	(25.9)	(100.0)
初二	—	3	62	238	58	361
	—	(0.8)	(17.2)	(65.9)	(16.1)	(100.0)
初三	—	2	12	239	101	354
	—	(0.6)	(3.4)	(67.5)	(28.5)	(100.0)

年级	从不	很少	有时	经常	总是	总计
总计	—	9	151	670	255	1085
	—	(0.8)	(13.9)	(61.8)	(23.5)	(100.0)

从表3-4中可以发现，选择"经常"和"总是"的人数的比例之和达到了85.3%，他们倾向于希望老师将一节课的学习目标贯穿于整个课堂教学过程中。初一、初二和初三的学生中均没有人选择"从不"，即便是选择"很少"的也仅占0.8%。这一结果正好印证了学生希望老师将一节课的学习目标贯穿于整个课堂教学过程中的看法。

对问题"对于一节课的学习，不仅要关注学习目标的完成，还要关注生成性目标的达成"的回答情况如表3-5所示。

表3-5　学生问卷调查结果（4）

单位：人，%

年级	从不	很少	有时	经常	总是	总计
初一	1	7	89	170	103	370
	(0.3)	(1.9)	(24.1)	(45.9)	(27.8)	(100.0)
初二	1	8	74	215	63	361
	(0.3)	(2.2)	(20.5)	(59.6)	(17.4)	(100.0)
初三	—	1	36	225	92	354
	—	(0.3)	(10.2)	(63.5)	(26.0)	(100.0)
总计	2	16	199	610	258	1085
	(0.2)	(1.5)	(18.3)	(56.2)	(23.8)	(100.0)

从表3-5中可以发现，选择"经常"和"总是"的人数的比例之和达到了80.0%，他们倾向于不仅要关注学习目标的完成，还要关注生成性目标的达成。初一、初二和初三的学生中选择"从不"的仅占0.2%，其中，初三学生中没有人选择"从不"；即便是选择"很少"的也仅占1.5%。这一结果也正好印证了一节课生成性目标的重要性。

从表3-2、表3-3、表3-4和表3-5中可以发现,在学习目标方面,初一、初二和初三的学生面对问卷中预设的观点时,选择"经常"和"总是"的人数的比例之和在八成及以上。这可以充分说明在课堂教学中学习目标的重要性。

2. 在学习内容方面

在问及"在课堂教学中,我希望老师对教学内容适时调整"时,调查结果如表3-6所示。

表3-6　学生问卷调查结果（5）

单位：人，%

年级	从不	很少	有时	经常	总是	总计
初一	12 (3.2)	48 (13.0)	81 (21.9)	125 (33.8)	104 (28.1)	370 (100.0)
初二	9 (2.5)	41 (11.4)	158 (43.8)	134 (37.1)	19 (5.2)	361 (100.0)
初三	6 (1.7)	39 (11.0)	101 (28.5)	191 (54.0)	17 (4.8)	354 (100.0)
总计	27 (2.5)	128 (11.8)	340 (31.3)	450 (41.5)	140 (12.9)	1085 (100.0)

从表3-6中可以发现,选择"经常"和"总是"的人数的比例之和为54.4%,他们在课堂教学中,倾向于希望老师对教学内容进行适时调整。而选择"从不"、"很少"和"有时"的人数的比例之和达到45.6%。这说明在课堂教学中,倾向于希望老师适时调整教学内容的学生多于具有相反倾向的学生。具体来看,初一、初二和初三的学生中选择"从不"的人数比例分别为3.2%、2.5%和1.7%,呈现出递减的趋势,可见在课堂观察中,应着重留意学生对于希望老师适时调整教学内容的倾向情况。

对问题"我希望老师能根据我们兴趣对学习内容经常补充相关材料"的回答情况如表3-7所示。

表3-7　学生问卷调查结果（6）

单位：人，%

年级	从不	很少	有时	经常	总是	总计
初一	—	15	102	175	78	370
	—	(4.1)	(27.6)	(47.2)	(21.1)	(100.0)
初二	3	17	121	166	54	361
	(0.8)	(4.7)	(33.5)	(46.0)	(15.0)	(100.0)
初三	—	20	169	111	54	354
	—	(5.6)	(47.7)	(31.4)	(15.3)	(100.0)
总计	3	52	392	452	186	1085
	(0.3)	(4.8)	(36.1)	(41.7)	(17.1)	(100.0)

从表3-7中可以发现，选择"经常"和"总是"的人数的比例之和为58.8%，而选择"从不"和"很少"的人数的比例之和仅为5.1%，其中，初一和初三年级没有人选择"从不"，这一点更说明大部分学生在课堂教学中，希望老师能根据自己兴趣经常为学习内容补充相关材料。

对问题"在学习内容的安排上，我希望老师多联系我们的生活实际"的回答情况如表3-8所示。

表3-8　学生问卷调查结果（7）

单位：人，%

年级	从不	很少	有时	经常	总是	总计
初一	11	23	91	153	92	370
	(3.0)	(6.2)	(24.6)	(41.3)	(24.9)	(100.0)
初二	13	26	101	138	83	361
	(3.6)	(7.2)	(28.0)	(38.2)	(23.0)	(100.0)
初三	2	24	140	111	77	354
	(0.6)	(6.8)	(39.5)	(31.4)	(21.7)	(100.0)
总计	26	73	332	402	252	1085
	(2.4)	(6.7)	(30.6)	(37.1)	(23.2)	(100.0)

从表 3-8 中可以发现，选择"经常"和"总是"的人数的比例之和为 60.3%，在学习内容的安排上，六成学生倾向于希望老师多联系生活实际。而选择"从不"和"很少"的人数的比例之和仅为 9.1%，课堂观察结果对此也有印证。

对问题"我希望老师在课堂上安排教学活动时，能够多给予我们亲自实践的机会"的回答情况如表 3-9 所示。

表 3-9 学生问卷调查结果（8）

单位：人，%

年级	从不	很少	有时	经常	总是	总计
初一	—	17	135	145	73	370
	—	(4.6)	(36.5)	(39.2)	(19.7)	(100.0)
初二	1	24	80	167	89	361
	(0.3)	(6.6)	(22.2)	(46.3)	(24.6)	(100.0)
初三	—	46	146	144	18	354
	—	(13.0)	(41.2)	(40.7)	(5.1)	(100.0)
总计	1	87	361	456	180	1085
	(0.1)	(8.0)	(33.3)	(42.0)	(16.6)	(100.0)

从表 3-9 中可以发现，选择"经常"和"总是"的人数的比例之和达到 58.6%，这些学生更希望老师在课堂上安排教学活动时，能够多给予学生亲自实践的机会。而选择"从不"和"很少"的人数的比例之和仅为 8.1%，课堂观察结果对此也有印证。

对问题"我希望老师在讲授学习内容的重点、难点时，先让我们独立思考，再讲解"的回答情况如表 3-10 所示。

表 3-10 学生问卷调查结果（9）

单位：人，%

年级	从不	很少	有时	经常	总是	总计
初一	—	1	170	120	79	370
	—	(0.3)	(45.9)	(32.4)	(21.4)	(100.0)

续表

年级	从不	很少	有时	经常	总是	总计
初二	—	5	162	160	34	361
	—	(1.4)	(44.9)	(44.3)	(9.4)	(100.0)
初三	—	2	158	165	29	354
	—	(0.6)	(44.6)	(46.6)	(8.2)	(100.0)
总计	—	8	490	445	142	1085
	—	(0.7)	(45.2)	(41.0)	(13.1)	(100.0)

从表3-10中可以发现，选择"经常"和"总是"的人数的比例之和达到54.1%，也就是说，倾向于希望老师在讲授学习内容的重点、难点时，先让他们独立思考再讲解的学生占到了五成多，而没有人选择"从不"，即便是选择"很少"的人数的比例也仅为0.7%。这进一步说明在课堂教学中，学生对独立思考机会有强烈渴望。

从表3-6、表3-7、表3-8、表3-9和表3-10中可以发现，在学习内容方面，初一、初二和初三的学生面对问卷中预设的观点时，选择"经常"和"总是"的人数的比例之和在五成多到六成多。这充分说明在课堂教学中学习内容的重要性。但是从表3-10中可以发现，选择"有时"和"经常"的人数的比例分别为45.2%和41.0%，出现这样的情况可能主要是因为受到传统教学和学习方式的思维惯性影响等。

3. 在学习方法方面

在问及"我认为课堂教学中更重要的是要教给我们学习方法，而不是知识"时，调查结果如表3-11所示。

表3-11　学生问卷调查结果（10）

单位：人，%

年级	从不	很少	有时	经常	总是	总计
初一	—	7	139	164	60	370
	—	(1.9)	(37.6)	(44.3)	(16.2)	(100.0)
初二	2	9	148	154	48	361
	(0.5)	(2.5)	(41.0)	(42.7)	(13.3)	(100.0)

年级	从不	很少	有时	经常	总是	总计
初三	—	6	136	130	82	354
	—	(1.7)	(38.4)	(36.7)	(23.2)	(100.0)
总计	2	22	423	448	190	1085
	(0.2)	(2.0)	(39.0)	(41.3)	(17.5)	(100.0)

从表 3-11 中可以发现，选择"经常"和"总是"的人数的比例之和达到 58.8%，近六成的学生认为课堂教学中更重要的是要教给他们学习方法，而不是知识。而选择"从不"的仅有 2 名学生，占 0.2%，即便是选择"很少"的人数的比例也仅为 2.0%。这进一步说明在课堂教学中，学生对学习学习方法有强烈愿望。

对问题"在选择学习方法时，需要得到老师的及时指导与帮助"的回答情况如表 3-12 所示。

表 3-12 学生问卷调查结果（11）

单位：人，%

	从不	很少	有时	经常	总是	总计
初一	4	43	137	130	56	370
	(1.1)	(11.6)	(37.0)	(35.2)	(15.1)	(100.0)
初二	6	53	144	149	9	361
	(1.7)	(14.7)	(39.9)	(41.2)	(2.5)	(100.0)
初三	3	32	136	129	54	354
	(0.8)	(9.0)	(38.4)	(36.5)	(15.3)	(100.0)
总计	13	128	417	408	119	1085
	(1.2)	(11.8)	(38.4)	(37.6)	(11.0)	(100.0)

从表 3-12 中可以发现，选择"经常"和"总是"的人数的比例之和达 48.6%，选择"有时"的人数的比例达到 38.4%，这充分说明在选择学习方法时，绝大多数学生还不能很好地完成独立选择，还需要得到老师的及时指导与帮助。

对问题"我认为学习方法的形成应是在老师的指导下，同伴之间相互影响的结果"的回答情况如表3-13所示。

表3-13　学生问卷调查结果（12）

单位：人，%

年级	从不	很少	有时	经常	总是	总计
初一	—	8	169	127	66	370
	—	(2.2)	(45.7)	(34.3)	(17.8)	(100.0)
初二	3	19	153	140	46	361
	(0.8)	(5.3)	(42.4)	(38.8)	(12.7)	(100.0)
初三	—	14	157	131	52	354
	—	(4.0)	(44.3)	(37.0)	(14.7)	(100.0)
总计	3	41	479	398	164	1085
	(0.3)	(3.8)	(44.1)	(36.7)	(15.1)	(100.0)

从表3-13中可以发现，选择"经常"和"总是"的人数的比例之和达51.8%，超过半数的学生倾向于认为学习方法的形成应是在老师的指导下，同伴之间相互影响的结果。而选择"从不"和"很少"的人数的比例之和仅为4.1%。

对问题"在课堂中，我喜欢尝试运用多种混合的学习方法"的回答情况如表3-14所示。

表3-14　学生问卷调查结果（13）

单位：人，%

年级	从不	很少	有时	经常	总是	总计
初一	1	3	128	166	72	370
	(0.3)	(0.8)	(34.6)	(44.9)	(19.4)	(100.0)
初二	1	6	155	130	69	361
	(0.3)	(1.7)	(42.9)	(36.0)	(19.1)	(100.0)
初三	—	6	168	160	20	354
	—	(1.7)	(47.5)	(45.2)	(5.6)	(100.0)

续表

年级	从不	很少	有时	经常	总是	总计
总计	2 (0.2)	15 (1.4)	451 (41.6)	456 (42.0)	161 (14.8)	1085 (100.0)

从表 3-14 中可以发现，选择"经常"和"总是"的人数的比例之和为 56.8%，其中，选择"经常"的占 42.0%。另外，选择"从不""很少"的仅占 1.6%，这可以说明在课堂中，大多数学生喜欢尝试运用多种混合的学习方法。

从表 3-11、表 3-12、表 3-13 和表 3-14 中可以发现，在学习方法方面，初一、初二和初三的学生面对问卷中预设的观点时选择"经常"和"总是"的人数的比例之和在四成多到五成多，选择"有时"的占四成左右。这充分说明在课堂教学上，学习方法十分重要，在教师访谈和课堂观察中也能看出学习方法的重要性。

4. 在学习能力方面

在学习能力的确定上，在问及"老师经常会通过课堂评价促进我们创造力的发展"时，调查结果如表 3-15 所示。

表 3-15　学生问卷调查结果（14）

单位：人，%

年级	从不	很少	有时	经常	总是	总计
初一	7 (1.9)	98 (26.5)	170 (45.9)	87 (23.5)	8 (2.2)	370 (100.0)
初二	9 (2.5)	89 (24.7)	162 (44.9)	90 (24.9)	11 (3.0)	361 (100.0)
初三	11 (3.1)	101 (28.5)	157 (44.4)	76 (21.5)	9 (2.5)	354 (100.0)
总计	27 (2.5)	288 (26.5)	489 (45.1)	253 (23.3)	28 (2.6)	1085 (100.0)

从表 3-15 中可以发现，选择"从不"和"很少"的人数的比例之和为 29.0%，接近三成；而选择"经常"和"总是"的人数的比例之

和仅为 25.9%。这足以说明学生认为老师在通过课堂评价促进学生创造力的发展上做得不够。

对问题"我认为自己能够在课堂上及时掌握老师所讲授的内容"的回答情况如表 3-16 所示。

表 3-16　学生问卷调查结果（15）

单位：人，%

年级	从不	很少	有时	经常	总是	总计
初一	3 （0.8）	45 （12.2）	123 （33.2）	165 （44.6）	34 （9.2）	370 （100.0）
初二	7 （1.9）	38 （10.5）	187 （51.8）	123 （34.1）	6 （1.7）	361 （100.0）
初三	2 （0.6）	42 （11.9）	128 （36.1）	149 （42.1）	33 （9.3）	354 （100.0）
总计	12 （1.1）	125 （11.5）	438 （40.4）	437 （40.3）	73 （6.7）	1085 （100.0）

从表 3-16 中可以发现，选择"经常"和"总是"的人数的比例之和为 47.0%，而选择"有时"的占 40.4%。这一情况在某种意义上反映出学生在课堂上不能及时掌握老师所讲授的内容。

对问题"我相信自己有能力在学习上取得好成绩"的回答情况如表 3-17 所示。

表 3-17　学生问卷调查结果（16）

单位：人，%

年级	从不	很少	有时	经常	总是	总计
初一	6 （1.6）	89 （24.1）	152 （41.1）	73 （19.7）	50 （13.5）	370 （100.0）
初二	3 （0.8）	77 （21.3）	193 （53.5）	57 （15.8）	31 （8.6）	361 （100.0）

续表

年级	从不	很少	有时	经常	总是	总计
初三	1 (0.3)	61 (17.2)	140 (39.6)	148 (41.8)	4 (1.1)	354 (100.0)
总计	10 (0.9)	227 (20.9)	485 (44.7)	278 (25.6)	85 (7.9)	1085 (100.0)

从表 3-17 中可以发现，选择"经常"和"总是"的人数的比例之和达 33.5%，也就是说不到四成的学生倾向于认为自己有能力在学习上取得好成绩。而有 44.7% 的人选择"有时"，选择"很少"的也有 20.9%。这一数据充分说明学生对于自己在学习上可以取得好成绩这件事，存在缺乏信心的倾向。

对问题"我主要通过老师的指导，才能完成课堂练习"的回答情况如表 3-18 所示。

表 3-18　学生问卷调查结果（17）

单位：人，%

年级	从不	很少	有时	经常	总是	总计
初一	30 (8.1)	133 (35.9)	125 (33.8)	61 (16.5)	21 (5.7)	370 (100.0)
初二	45 (12.5)	156 (43.2)	101 (28.0)	50 (13.8)	9 (2.5)	361 (100.0)
初三	51 (14.4)	155 (43.8)	96 (27.1)	44 (12.4)	8 (2.3)	354 (100.0)
总计	126 (11.6)	444 (40.9)	322 (29.7)	155 (14.3)	38 (3.5)	1085 (100.0)

从表 3-18 中可以发现，选择"很少"和"有时"的人数的比例之和达到 70.6%，七成多的学生认为自己虽不是从来不需要，但也并不是常常需要通过老师的指导才能完成课堂练习。

对问题"在课堂学习中，我更喜欢具有挑战性的内容，因为我可以学到许多有趣的东西"的回答情况如表 3-19 所示。

表 3-19　学生问卷调查结果（18）

单位：人，%

年级	从不	很少	有时	经常	总是	总计
初一	10 (2.7)	92 (24.9)	163 (44.0)	88 (23.8)	17 (4.6)	370 (100.0)
初二	12 (3.3)	98 (27.1)	153 (42.4)	76 (21.1)	22 (6.1)	361 (100.0)
初三	9 (2.5)	100 (28.2)	151 (42.7)	69 (19.5)	25 (7.1)	354 (100.0)
总计	31 (2.9)	290 (26.7)	467 (43.0)	233 (21.5)	64 (5.9)	1085 (100.0)

从表 3-19 中可以发现，选择"很少"和"有时"的人数的比例之和达到 69.7%，近七成的学生认为自己在课堂学习中，虽不是完全不喜欢，但确实不太喜欢具有挑战性的内容。

从表 3-15、表 3-16、表 3-17 和表 3-19（表 3-18 所对应的问题的测量方向与其他表格对应的问题相反，暂不纳入考量）中可以发现，在学习能力方面，初一、初二和初三的学生在面对问卷中预设的观点时，选择"很少"和"有时"的人数的比例之和在五成多到七成多，说明学生学习能力不是很强。

5. 在学习态度方面

在问及"我愿意经常举手发言，主动参与课堂小组讨论"时，调查结果如表 3-20 所示。

表 3-20　学生问卷调查结果（19）

单位：人，%

年级	从不	很少	有时	经常	总是	总计
初一	15 (4.1)	96 (25.9)	149 (40.3)	78 (21.1)	32 (8.6)	370 (100.0)

续表

年级	从不	很少	有时	经常	总是	总计
初二	12 (3.3)	89 (24.7)	150 (41.6)	84 (23.2)	26 (7.2)	361 (100.0)
初三	13 (3.7)	101 (28.5)	133 (37.6)	61 (17.2)	46 (13.0)	354 (100.0)
总计	40 (3.7)	286 (26.3)	432 (39.8)	223 (20.6)	104 (9.6)	1085 (100.0)

从表 3-20 中可以发现,选择"很少"和"有时"的人数的比例之和达到 66.1%,还有 3.7% 的学生选择"从不"。这说明学生发言或主动参与课堂小组讨论的愿望较弱。

对问题"我在课堂学习中始终保持聚精会神的精神状态"的回答情况如表 3-21 所示。

表 3-21　学生问卷调查结果（20）

单位:人,%

年级	从不	很少	有时	经常	总是	总计
初一	5 (1.4)	34 (9.2)	102 (27.5)	172 (46.5)	57 (15.4)	370 (100.0)
初二	6 (1.7)	48 (13.3)	89 (24.6)	168 (46.5)	50 (13.9)	361 (100.0)
初三	34 (9.6)	63 (17.8)	137 (38.7)	86 (24.3)	34 (9.6)	354 (100.0)
总计	45 (4.1)	145 (13.4)	328 (30.2)	426 (39.3)	141 (13.0)	1085 (100.0)

从表 3-21 中可以发现,选择"经常"和"总是"的人数的比例之和为 52.3%,在五成以上。另外,选择"从不""很少"的人数比例分别为 4.1% 和 13.4%,这可以说明在课堂学习中大部分学生能保持聚精会神的精神状态。

对问题"在课堂上，我常常能够自主完成老师布置的练习任务"的回答情况如表 3-22 所示。

表 3-22　学生问卷调查结果（21）

单位：人，%

年级	从不	很少	有时	经常	总是	总计
初一	7 (1.9)	30 (8.1)	134 (36.2)	179 (48.4)	20 (5.4)	370 (100.0)
初二	6 (1.6)	27 (7.5)	122 (33.8)	152 (42.1)	54 (15.0)	361 (100.0)
初三	5 (1.4)	24 (6.8)	101 (28.5)	160 (45.2)	64 (18.1)	354 (100.0)
总计	18 (1.7)	81 (7.5)	357 (32.9)	491 (45.2)	138 (12.7)	1085 (100.0)

从表 3-22 中可以发现，选择"经常"和"总是"的人数的比例之和达到 57.9%，近六成的学生认为，在课堂上自己经常或总是能够完成老师布置的练习任务。此外，选择"从不"和"很少"的人数的比例之和为 9.2%，这部分学生需要重点关注。

对问题"在课堂上，只要老师能听取我的想法，无论批评还是表扬我都可以接受"的回答情况如表 3-23 所示。

表 3-23　学生问卷调查结果（22）

单位：人，%

年级	从不	很少	有时	经常	总是	总计
初一	— —	7 (1.9)	96 (25.9)	176 (47.6)	91 (24.6)	370 (100.0)
初二	— —	13 (3.6)	97 (26.9)	191 (52.9)	60 (16.6)	361 (100.0)
初三	— —	5 (1.4)	98 (27.7)	176 (49.7)	75 (21.2)	354 (100.0)

续表

年级	从不	很少	有时	经常	总是	总计
总计	—	25	291	543	226	1085
	—	(2.3)	(26.8)	(50.1)	(20.8)	(100.0)

从表 3-23 中可以发现，选择"经常"和"总是"的人数的比例之和达到 70.9%，超过七成的学生倾向于认为在课堂上，只要老师能听取自己的想法，无论批评还是表扬自己都可以接受。没有人选择"从不"，即便是选择"很少"的也仅有 2.3%。这充分说明无论是批评还是表扬，只要老师能听取学生的想法，学生都可以接受。

从表 3-20、表 3-21、表 3-22 和表 3-23 中可以发现，在学习态度方面，初一、初二和初三的学生面对问卷中预设的观点时，选择"经常"和"总是"的人数的比例之和因所面对观点的不同而不同，有的在三成左右，有的达到了七成多。这说明在学习态度方面，课堂观察要有针对性。

6. 在学习效果方面

在问及"我善于运用课堂上老师所讲的内容解决问题"时，调查结果如表 3-24 所示。

表 3-24　学生问卷调查结果（23）

单位：人，%

年级	从不	很少	有时	经常	总是	总计
初一	3	23	94	191	59	370
	(0.8)	(6.2)	(25.4)	(51.6)	(16.0)	(100.0)
初二	—	28	85	199	49	361
	—	(7.8)	(23.5)	(55.1)	(13.6)	(100.0)
初三	1	19	86	200	48	354
	(0.3)	(5.3)	(24.3)	(56.5)	(13.6)	(100.0)
总计	4	70	265	590	156	1085
	(0.4)	(6.4)	(24.4)	(54.4)	(14.4)	(100.0)

从表 3-24 中可以发现，选择"经常"和"总是"的人数的比例之

和达到了 68.8%，他们倾向于认为自己善于运用课堂上老师所讲的内容解决问题。选择"从不"和"很少"的人数的比例之和为 6.8%，选择"有时"的占到了 24.4%，这些都是教师在课堂上讲授内容时需要着重关注的群体。

对问题"每节课上完后，我都感觉自己学到了很多有价值的东西"的回答情况如表 3-25 所示。

表 3-25　学生问卷调查结果（24）

单位：人，%

年级	从不	很少	有时	经常	总是	总计
初一	2 (0.5)	43 (11.6)	134 (36.2)	170 (46.0)	21 (5.7)	370 (100.0)
初二	1 (0.3)	37 (10.2)	142 (39.3)	162 (44.9)	19 (5.3)	361 (100.0)
初三	1 (0.3)	27 (7.6)	139 (39.3)	149 (42.1)	38 (10.7)	354 (100.0)
总计	4 (0.4)	107 (9.9)	415 (38.2)	481 (44.3)	78 (7.2)	1085 (100.0)

从表 3-25 中可以发现，选择"经常"和"总是"的人数的比例之和达到了 51.5%，他们倾向于认为每节课上完后，自己都学到了很多有价值的东西。选择"从不"和"很少"的人数的比例之和为 10.3%，选择"有时"的占到 38.2%，这些都是需要在课堂教学中予以关注的群体。

对问题"在课堂上，我回答完问题后，老师都会给予及时评价"的回答情况如表 3-26 所示。

表 3-26　学生问卷调查结果（25）

单位：人，%

年级	从不	很少	有时	经常	总是	总计
初一	1 (0.3)	47 (12.7)	123 (33.2)	171 (46.2)	28 (7.6)	370 (100.0)

续表

年级	从不	很少	有时	经常	总是	总计
初二	1 (0.3)	36 (10.0)	112 (31.0)	162 (44.9)	50 (13.8)	361 (100.0)
初三	— —	35 (9.9)	119 (33.6)	170 (48.0)	30 (8.5)	354 (100.0)
总计	2 (0.2)	118 (10.9)	354 (32.6)	503 (46.3)	108 (10.0)	1085 (100.0)

从表 3-26 中可以发现，选择"经常"和"总是"的人数的比例之和达到了 56.3%，他们倾向于认为在课堂上，自己回答完问题后，老师都会给予及时的评价。选择"从不"和"很少"的人数的比例之和为 11.1%，选择"有时"的占到了 32.6%，这些都是教师在课堂上让学生回答问题时需要着重关注的群体。

从表 3-24、表 3-25 和表 3-26 中可以发现，在学习效果方面，初一、初二和初三的学生面对问卷预设的观点时，选择"经常"和"总是"的人数的比例之和在五成多到六成多。这足以说明学生的学习效果总体较好。

此外，在问卷的最后还设计了关于课堂评价总体状况的 5 道问题。其中对问题"你过去参加过课堂评价活动吗"的回答情况如表 3-27 所示。

表 3-27 学生问卷调查结果（26）

单位：人，%

年级	从不	很少	有时	经常	总是	总计
初一	— —	6 (1.6)	142 (38.4)	171 (46.2)	51 (13.8)	370 (100.0)
初二	— —	4 (1.1)	145 (40.2)	156 (43.2)	56 (15.5)	361 (100.0)
初三	— —	2 (0.6)	162 (45.7)	161 (45.5)	29 (8.2)	354 (100.0)

年级	从不	很少	有时	经常	总是	总计
总计	—	12	449	488	136	1085
	—	(1.1)	(41.4)	(45.0)	(12.5)	(100.0)

从表 3-27 中可以发现，选择"经常"和"总是"的人数的比例之和达到了 57.5%，这证明在参与调查学生所在的学校，课堂评价是重要的学校活动之一。卡方检验结果表明，初一、初二和初三学生的回答情况之间没有显著性差异，这也说明课堂评价活动的开展是初中各年级课堂教学中的重要环节。

对于"在课堂上，你最喜欢的评价方式是？"这一多项选择题，部分选项的选择情况如下。初一：选择自我评价的有 96 人，选择自我评价、同伴评价的有 84 人，选择自我评价、教师评价的有 62 人，选择自我评价、同伴评价、教师评价的有 74 人。初二：选择自我评价、同伴评价的有 82 人，选择自我评价、教师评价的有 69 人，选择自我评价、同伴评价、教师评价的有 94 人。初三：选择自我评价、同伴评价的有 72 人，选择自我评价、教师评价的有 99 人，选择自我评价、同伴评价、教师评价的有 80 人。

对"你认为下列人选中谁应该是更合适的课堂评价的评价者？"这一问题的回答情况如下。初一：选择教师的有 133 人，占总人数的 35.9%；选择校长的有 16 人，占总人数的 4.3%；选择专家的有 87 人，占总人数的 23.5%；选择同伴的有 74 人，占总人数的 20.0%；选择自己的有 60 人，占总人数的 16.2%。初二：选择教师的有 128 人，占总人数的 35.5%；选择校长的有 18 人，占总人数的 5.0%；选择专家的有 76 人，占总人数的 21.1%；选择同伴的有 90 人，占总人数的 24.9%；选择自己的有 49 人，占总人数的 13.6%。初三：选择教师的有 141 人，占总人数的 39.8%；选择校长的有 17 人，占总人数的 4.8%；选择专家的有 68 人，占总人数的 19.2%；选择同伴的有 61 人，占总人数的 17.2%；选择自己的有 67 人，占总人数的 18.9%。

对"你认为课堂评价结果的使用里下列哪一项最重要？"这一问题的回答情况如下。初一：选择学生用于自我能力提高的有 143 人，占总人数的 38.6%；选择教师用于指导学生学习与发展的有 116 人，占总人数的 31.4%；选择学校用于校内评优评先的有 100 人，占总人数的 27.0%；选择学校提供给高一级学校用于招生录取的有 11 人，占总人数的 3.0%。初二：选择学生用于自我提高的有 143 人，占总人数的 39.6%；选择教师用于指导学生学习与发展的有 107 人，占总人数的 29.6%；选择学校用于校内评优评先的有 89 人，占总人数的 24.7%；选择学校提供给高一级学校用于招生录取的有 22 人，占总人数的 6.1%。初三：选择学生用于自我提高的有 115 人，占总人数的 32.5%；选择教师用于指导学生学习与发展的有 108 人，占总人数的 30.5%；选择学校用于校内评优评先的有 86 人，占总人数的 24.3%；选择学校提供给高一级学校用于招生录取的有 45 人，占总人数的 12.7%。

对"你认为课堂评价的结果应该是?"这一问题的回答情况如下。初一：选择分数式的有 69 人，占总人数的 18.6%；选择等级式的有 67 人，占总人数的 18.1%；选择全面评语式的有 152 人，占总人数的 41.1%；选择问题诊断式的有 82 人，占总人数的 22.2%。初二：选择分数式的有 60 人，占总人数的 16.6%；选择等级式的有 59 人，占总人数的 16.3%；选择全面评语式的有 145 人，占总人数的 40.2%；选择问题诊断式的有 97 人，占总人数的 26.9%。初三：选择分数式的有 68 人，占总人数的 19.2%；选择等级式的有 57 人，占总人数的 16.1%；选择全面评语式的有 128 人，占总人数的 36.2%；选择问题诊断式的有 101 人，占总人数的 28.5%。

二 访谈调查

访谈调查的目的是在问卷调查的基础上深入了解课堂评价的现状，以此探寻课堂教学过程存在的优缺点，推进促进初中生创造力发展的课堂评价研究。

(一) 访谈调查设计

1. 访谈对象

本书研究访谈对象共 24 人，为上海市、郑州市、开封市和昆明市的 8 所学校的教师（每个城市抽取 2 所学校，每所学校再从初一、初二、初三各年级抽取 1 名教师）。访谈对象所在的学校均贯彻实施综合素质评价。我们在访谈对象中纳入了任教不同学科的教师，并对骨干教师和青年教师等分别进行访谈。

2. **访谈方法**

本书研究使用的访谈方法是结构式访谈，事先根据课堂评价过程中常见的主要问题等设计访谈提纲，在此基础上笔者多次与相关研究者、学校一线任课教师等进行交流和研讨，最终形成了正式的访谈提纲。在访谈时，先把提纲发给访谈对象，使其对访谈内容有总体了解和思考，然后通过面对面、微信语音通话、电话或者纸质提纲填写等形式进行逐一访谈，并针对回答不清楚或者访谈对象不明白的题目进行追问或者二次访谈。

（二）访谈调查结果分析

根据研究需要，先后对 24 位教师围绕课堂教学行为进行了深度访谈。经过对访谈内容的整理、归类和分析，访谈调查呈现如下结果。

1. **学校过去开展的课堂评价活动及其依据标准**

关于"您所在的学校过去开展的课堂评价活动主要有哪些？"这一访谈问题，通过整理好的访谈内容可以发现，大部分教师认为自己的学校过去开展的课堂评价活动主要包含整体性评价、同伴互评和个别评价。其中，有 15 位教师提出应以个别评价和小组评价为主进行课堂评价，占总人数的 62.5%。在这 15 位教师中，有 8 位教师认为同伴互评主要是在教师指导下开展小组内的评价活动，写出评语，也可以采取其他方式，如在班级范围内选取 2~3 位自己最熟悉的同学写出评语。同伴评语应有事实依据，避免空话套话。同伴评语应以充分了解被评价者的成长记录、阅读其自我描述为基础，突出个性，肯定优点，提出期望。与此同时，有 6 位教师认为促进整个班级学生正确认识自己、全面提高自己的评价方式能够有效地提升学生的自我认知，有助于学生自我激励并增强学习动力，占总人数的 25%。这种方法一节课中不宜过多使用，但十分有必要。例如，一个美术教师往往承担多个班级的美术教学任务，这种评价有助于班级间进行竞争，可以促进学生美术素养的提升。

2. 在高质量课堂教学中教师和学生应有的行为特征

在教学目标方面，2/3 的教师提出教师应把教学目标的重点放到学生知识能力提升上，并使其相对集中于教学大纲任务的完成、学生的积极性及创造性的培养等方面上；在教学内容方面，1/2 以上的教师认为应按照教材的进度和要求安排教学内容，还有接近 1/2 的教师认为应对教材合理取舍、使教材为我所用等；在教学方法方面，有 14 位教师认为应运用各种教学手段或方法组织教学、开展启发式教学；在教学能力方面，1/2 以上的教师认为教师良好的口头语言表达能力是高质量课堂教学的重要标志之一，同时教师也应具有较强的课堂组织能力和应变能力等。以上这些教师的行为特征值得重视。此外，在整理了教师们对"什么是高质量的课堂教学中学生应有的行为特征"这一问题的回答后发现：2/3 以上的教师认为学生应有良好的学习习惯、正确的学习方法、批判与反思能力，并积极主动参与学习，乐于团队协作。

3. 课堂评价标准

在教师访谈过程中，笔者发现诸多教师对课堂评价标准的描述和分析是基于课堂教学要素的。接受访谈的 24 位教师所描述的内容并不完全相同，但是经过归纳与整理，其总体包括教学目标、教学内容、教学方法、教学过程、教学能力、教学效果等方面。其中，一部分教师认为原有的传统课堂评价标准的几个方面仍然可以作为当前课堂评价的基本标准，但另一部分教师认为原来的标准带有一种外在工具性的色彩。

4. 学生创造力发展与课堂评价的关系

参与访谈的 24 位教师都对如何处理学生创造力发展与课堂评价的关系这一问题做出了回答，并一致认为，积极引导学生参与到课堂之中，促进学生的学习与创造力发展，不仅是必要的，而且是一节课的关键所在。同时，有 6 位教师进一步提出不应将课堂评价中所有评价维度和评价标准全部融入课堂教学场域之中，应重点关注的是学生在学习与创造力发展等方面的进步。

5. 在课堂评价中面临的最大问题与挑战

接受访谈的 24 位教师都认为，在具体的课堂评价中面临的最大问题与挑战是量化评价突出且以他评为主。另外，也有很多教师提出一些其他问题：有 5 位教师提出课堂评价被漠视，有 7 位教师提出在课堂上部分教师引出学习证据的意识不足，有 6 位教师提出课堂上缺乏及时、有效的交流与反馈，有 8 位教师认为的课堂评价标准重统一要求、轻个性发展，还有 7 位教师认为部分教师在学习内容设计和教学中对学生创造力凸显不足，等等。

6. 课堂评价的实施路径

接受访谈的 24 位教师提出，在确定课堂评价的实施路径时，需要遵循一定的理念与目标：首先，遵循的理念可以概括为学习取向和发展性两大评价理念；其次，要遵循的目标包括促进学生的学习与创造力发展、诊断和调整教师的教学、师生共同成长、实现个性培养。以此为基础，可以确定课堂评价的实施路径包括明确评价目标、收集评价信息、分析与诠释相关信息、给予有效评价反馈与调节等。

三　课堂观察

课堂评价主要是在课堂教学活动中开展的评价，更多地表现为过程性评价。笔者根据研究需要开展课堂观察活动，旨在观察课堂教学过程存在的优缺点，推进促进初中生创造力发展的课堂评价研究。

（一）课堂观察设计

1. 观察对象

研究者在郑州市、开封市等城市选择了一些初中优秀教师（来自实施综合素质评价的学校，并且比较重视学生的创造力和个性发展的教师），对他们的课堂进行观察，先后观察了 27 节课，其中初一 12 节、初二9节、初三6节。①

2. 观察方法

主要采用自然观察方法，通过对不同学科的课堂教学进行观察，聚焦于教师的行为、学生的行为和师生互动作用的情况，力图从现实的、鲜活而富有个性的课堂中发现并归纳出其共有特性。

（二）课堂观察结果分析

通过对初中优秀教师主讲的 27 节课的自然观察，对这些各具特色的课堂教学进行总结，归纳出它们的一些共同特征，同时也相应梳理出一些存在的问题。共同特征有以下几方面。

第一，师生互动、活动的时间比例较传统课堂有较大变化。相对于以往以教师的"教"为中心的课堂，在这 27 节课中教师"教"的活动显著减少。具体到每节课中，由于学科和教授内容不同，从师生所占时间比来看，教师在课堂上的活动时间短于学生。根据课堂观察，在课堂上，教师的活动时间最短占到整节课的 1/4，最长占到 3/4，从总体上看，学生的活动时间平均占到 3/5。

第二，学生积极参与，发言形式多样。教师提出问题后，学生不经教师同意就可以主动举手或者起身发言，待同伴回答完之后，学生可以直接进行补充发言；教师提出问题后，学生在小组中互相讨论后发言；在前面的学生发言形式之外，教师在课堂中穿插安排教师提问、学生举手一对一问答等传统形式。

第三，交叉采用多样的师生、生生交流方式。在课堂上几乎无一例外增加了小组活动，且小组活动形式多样。有的是事先不分组，基于学生同桌及前后同伴组成小组；有的是在上课之前事先分好组，通常五六人组成小组；还有的是学生自由结合成小组。

第四，重视对学生学习方法的引导。引导学生重视学习方法的运

① 依托研究团队与郑州市 G 区、开封市等地的学校共同发起的综合素质评价合作项目，经过 1 年多的实践调研与观察，选择出在课堂评价中比较重视学生的创造力及个性发展的一些优秀教师，并从他们的课堂中选择出涉及初中 3 个年级的 27 节课进行观察分析。

用、提高学生自主学习与创造力是课堂教学的重要任务，学习方法在整个课堂教学环节中显然成为教师所关注的重要内容。在课堂上，为有效地引导学生学习，针对不同的学生，所使用的方法各有侧重。从研究者观察的 27 节课中，总体可以归纳出以下两种引导方向。一是新知识内化。当学生面对待解决的新问题时，教师适当提供支架，让学生自主建构解决问题的路径。二是引导学生产生学习兴趣，形成良好学习习惯。当学生遇到新问题时，边让其尝试使用各种解决方法边进行指导，进而使学生在尝试中体验创造与发现的乐趣。

第五，注重在课堂上对学生做出及时反馈与评价。运用鼓励性的言语、行为等做出正面的、积极的反馈与评价，主要形式有：鼓励学生在课堂上做出良好表现，通常使用"很优秀""没关系""继续努力"等言语；奖励学生个人或者小组所表现出来的良好行为，使用"成长之星""学术之星""创新之星"等称号作为荣誉。

第六，创设情境条件，提供创造舞台。在一些理科课堂中，教师有意识地让学生通过实践动手去发现前人已经发现的知识。例如，在初中阶段的物理课上，教师首先向学生介绍电磁学的基本原理，然后引导学生通过制作一个简易的电动机来亲身体验这些原理。教师提供铜线、电池、磁铁等材料，并指导学生如何将铜线绕在一枚钉子上，制作出一个简易的线圈。

第七，创造性地组织与安排教材内容。在课堂中，教师不一定拘泥于原有教材内容，而是经常根据学生实际情况灵活编排和使用教材内容。在研究者观察的课堂中有初中的一节数学课，教授内容是《数学》七年级上册第一章"有理数"，"有理数"是初中阶段的入门章节，教师在教授时与前面学段的衔接非常重要。教师根据教材的结构特点，紧紧抓住新旧知识的内在联系，运用类比、联想、转化的思维，突破重难点内容，让学生去发现问题，去探求新知。

第八，师生共情，形成和谐的课堂氛围。通过课堂观察可以发现，和谐课堂氛围是通过多种途径和方法营造的。有的课堂和谐氛围的形成是因为教师本人气质，有的是因为讲授内容，还有的是因为教师在课堂上不断启发学生、培养学生的创造性思维，但主要还是由于教师重视和理解每一位学生的内心世界，以"学为人师，行为世范"的"好老师"的标准要求自我，试图营造一种基于真诚、理解的积极向上的课堂氛围。这种氛围注重的是情感交融，而不一定非要表现为热烈的课堂气氛。[①] 笔者在观察 27 节课的过程中，有一次在听完一位初中二年级语文教师所讲的课后，及时与她围绕一个问题进行了讨论：如何建立和谐的师生关系，营造积极和谐的课堂学习氛围？她总结道："提高教师自身的专业素养，诱发学生的好奇心；进行支架式教学，促使学生创造性地解决问题；开展课堂记录与反思，以学生自主评价促进成长。"

研究者观察到的课堂除了存在以上几个共有特征外，还存在以下几个共同问题。

（1）在课堂上学生积极参与活动形式外在化倾向凸显

通过课堂观察可以发现，学生在课堂上表现总体是积极的，体现为学生积极配合老师开展课堂活动，如举手回答问题、自由踊跃发言等。这些外显的课堂情景显得很"热闹"，但在课堂上还要注重锻炼学生的创造性思维和反思思维，以及确保学生认真听讲、为学生留出思考时间等。

（2）在课堂上学生对授课内容的质疑与批判较少

在所观察的课堂中，1/2 以上的学生在课堂上"质疑"和"批判"的声音很弱，大部分的学生是随着教师事先预设的课堂目标进行学习的。"质疑"和"批判"基本限定在少部分群体上，课堂回答基本呈现的是教师预设问题、学生尝试解答的线性形式。在课堂教学中，特别还要关注这些问题：学生的主动性和积极性不足；教师留给学生的思考时间不足；教师提问的问题偏向于知识性方面的较多，追求答案相对唯一性倾向较强，而学生真正需要的是对授课内容的质疑和批判性思考。

（3）在课堂上集中对成绩好的学生进行提问

学生的个性化发展要求教师尽可能照顾学生的个性，但是这也是在课堂中最常见、最难处理的问题。由于受到教学进度、时间和班级人数

---

① 刘志军：《课堂评价论》，广西师范大学出版社，2002，第 137 页。

等方面的限制，教师在对学生进行提问时，往往倾向于选择学习良好、座位靠前的学生，造成课堂中学生发言相对集中、不均衡的现象。在一次课堂观察中发现：班级共有 38 人，有 30 人次发言，其中有 1 位学生发言次数达 6 次，有 3 位同学发言次数分别达 4 次、3 次和 5 次，同时一部分同学毫无发言的机会，进而也就可能被课堂评价"边缘化"。

（4）在课堂上对学生的奖励较多

教师对学生的正向及时反馈，对于学生来说，不仅可以增强学生的自信，还可以调节学生情绪、激发学生的创造性；对于整个课堂来说，不仅可以提高课堂效率，还可以使师生关系更加融洽。但是，在课堂上对学生的评价较多，出现了"为了评价而评价"的极端倾向，致使课堂上老师和学生都很"忙"，甚至影响了学习目标的完成。

（5）忽视学生创造力的培育和发展

在课堂评价中，教师注重知识传授目标的达成，以完成教师目标任务为导向，而这种"目标任务"仅仅是一种以知识为主的任务。教师在课堂中关注的仅仅是一节课的"教学目标"完成了没有，只追求"进度"，而忽视了课堂本质上应该追求学生综合素质的全面发展，致使促进学生创造力发展的课堂评价的作用被"削弱"。

四　调查结果的讨论及启示

通过对问卷调查、访谈调查和课堂观察的结果进行分析，可以发现这些分析导向的结论虽然在一些方面存在诸多分歧，但是在许多方面还是共通的，这些成为共识的结论将成为对促进初中生创造力发展的课堂评价的核心要素、基本原则、依据标准、框架模型等进行研究的重要依据。

（一）学生方面

通过问卷调查和课堂观察等发现，学生在课堂中的意识和行为有明显的倾向性。

第一，学生对明确的学习目标具有强烈的需求。在问卷调查中，绝大部分学生希望老师能够明确提出每节课的学习目标，并希望能够将学习目标贯穿于整个课堂之中。在课堂观察中也可以发现，在学习目标非常明确的情况下，学生表现呈现出积极进取的倾向。

第二，学生希望在安排学习内容时，多听取他们的意见且多联系生活实际。在问卷调查中发现，在课堂中，大部分的学生希望老师安排教学内容时多联系生活实际，并根据学生兴趣适时对其进行调整与补充。同时他们也强烈要求教师多听取他们的意见，给予他们事先独立思考的时间。

第三，学生非常重视学习方法在课堂中的使用。在问卷调查中，绝大部分学生希望在选择学习方法时，可以得到老师的及时指导与帮助，也希望经常使用多种混合的学习方法等。

第四，学生表现出强烈的自主学习愿望。在问卷调查中发现，绝大部分学生相信自己有能力在学习上取得好成绩，并且在课堂学习中，更喜欢具有挑战性的内容，希望从中学习新的知识，提升自己的创造性学习能力。

第五，学生展现出积极主动的学习态度。在问卷调查中发现，绝大部分学生在课堂学习中始终保持聚精会神的精神状态，并愿意积极参与课堂活动。在课堂观察中也可以看到课堂上学生主动参与课堂小组讨论，大部分学生都能积极主动思考并踊跃发言。

第六，在课堂学习中拥有获得感。在学生问卷调查中发现，对于在课堂上教师所讲的内容，学生基本能够理解并能基于此解决问题，他们感觉自己学到了很多有价值的知识。同时，教师也会对学生的回答进行及时评价。

（二）教师方面

第一，访谈调查和课堂观察结果充分体现出，许多教师在课堂上非常重视学生的创造力培养和高质量学习，注意到在课堂上将学生作为主体的重要性，并对促进学生学习与创造力发展有一定的关注。

第二，许多教师认识到了课堂评价是为了促进学生学习与创造力发展。比如在课堂教学中，会考虑学生的性格及学习情况，注重教学方法的选择与使用，将提高学生自主学习力与创造力作为重要任务，并对教学内容进行实时调整与安排等。

第三，许多教师在课堂教学中，非常重视教学设计，并会经常进行课堂评价与反思，这样不仅可以有效地促进教师教学能力的提高，还可以有效地促进学生高质量学习与创造力发展。

第四，很多教师非常重视课堂评价活动，在课堂上激发学生学习兴趣，提高学生学习兴趣和能力。许多教师会经常和学生交流课堂学习情况，非常重视学生上课时的精神状态，并擅长运用情感教育方式培养学生课堂学习兴趣，活跃课堂气氛，使学生能够自信地开展创造性学习。

第五，一部分教师能有意识地根据学生兴趣针对学习内容补充相关资料，并注重培养学生的创新意识和创造力，对学生做出及时反馈与评价，鼓励学生大胆质疑，发表自己的见解，允许学生"犯错误"。在课堂中注意创设问题情境，给予学生充足的时间和自由的空间。

通过实践调查发现，目前的课堂教学仍然存在一些问题。

第一，"教师为主导，学生为主体"这一教育理念得到了大部分教师的基本认同，在课堂中也得到了一定的体现，但是这种体现还没有产生足够的规模效应，原因在于教师为主导时，学生经常出现"被主导"的现象，以往的课堂评价理念依然占据着主导地位，学生为主体的促进学生学习与创造力发展的课堂评价理念被消解或湮没。

第二，通过课堂观察和问卷调查可以看出，学生在积极主动参与课堂活动、独立思考以及学习反思等方面有着很好的基础。但是由于诸多阻滞因素，在较多一线教师的课堂中，这种良好的基础没有得到足够的重视与体现，而是在日复一日的日常课堂教学之中被压制。在综合素质评价背景下，必须努力改变这种"惯性压制"，不然将会极大地挫伤学生的积极性并阻碍其创造力发展。而改变这一现状的关键途径就是变革课堂评价方式，即形成促进学生高质量学习与创造力发展的课堂评价方式。

第三，过分关注知识教学和认知性任务。在问卷调查和课堂观察中可以发现，教师在课堂中对知识教学极为关注，甚至在有些课堂上把认知性任务完全等同于课堂教学任务。在教师访谈中，在教学目标和教学内容等维度上，大部分教师都提出应该把教学目标和教学内容的重点放在学生知识掌握和能力、创造力发展等方面上。

第四，课堂评价以他评为主，学生自评为辅。在问卷调查和访谈调查中可以发现，课堂评价主要是由任课教师、班主任和德育老师等负责进行的。这一方面是由于长期以来受到以教师为中心的课堂评价理念的影响，另一方面主要是由于受到评价制度的规定与要求等的规约。长此以往，便会形成强调教师权威的课堂评价文化。

从问卷调查、访谈调查和课堂观察等的结果来看，在现代教育评价理论研究的影响下，一些课堂评价活动，特别是一些具有良好的评价素养的教师进行的课堂评价活动，是大量的自我评价与少量的他人评价构成的，更多地转向促进学生学习与创造力发展的形成性评价。在综合素质评价实施过程中，把这些取得的共识与进步转化为人们普遍接受与认可的课堂评价指引，使促进初中生创造力发展的课堂评价理念深入实践领域，并有效地解决课堂教学实践中出现的诸多问题，正是我们努力的方向。

第四章　促进初中生创造力发展的
课堂评价的知识基础

促进初中生创造力发展的课堂评价的知识基础主要包括核心要素、基本原则及依据标准。其核心要素主要包括课堂评价的目的、目标、方式和评价结果的运用。在课堂评价过程中应该坚持的基本原则有激励性原则、客观性原则、导向性原则、多元性原则。评价的依据标准主要有三个：评价合乎伦理，实现手段与目的融合；评价主体多元，实现自我与他者统一；评价融入教与学之中，实现信息转换。总的来说，促进初中生的创造力发展和课堂评价是息息相关的，在课堂教学实践中，需要教育工作者开展更多实践，把握要求，以原则和标准为导向，切实为提升初中生的创造力添砖加瓦。

一　促进初中生创造力发展的
课堂评价的核心要素

教育评价是个大型的、复杂的系统，而课堂评价作为一种典型的形成性评价，与学校的教学和学生的学习以及学生创造力的发展有着紧密的关系。相对于整个教育评价系统，课堂评价并不更为简单，实际上课堂评价也是一个复杂的系统。更重要的是，其内部也存在着众多相互依存、交互作用的子系统——从另一角度看，这些子系统就是构成课堂评价的核心要素，包括为何评、评什么、怎么评以及评价结果如何运用，即课堂评价的目的、目标、方式及评价结果的运用。

（一）课堂评价的目的

课堂评价作为一种人类的实践活动，一定有着它的目的——尽管在很多时候课堂评价的实践者并不一定非常清晰地意识到自己这种实践的目的所在。教育工作者尤其要明确课堂评价的目的。有些时候，教师运用课堂评价似乎只是为了预测，例如根据日常评价的结果预测特定学生在将来的高利害评价中可能获得的结果；有时教师会说，之所以开展评价活动，是为了促进学生的学习与发展，改善学习结果；有时他们的直接目的是影响学生的学习动机，比如通过评价让学生了解自己学习上存在的问题；还有时候他们会通过了解学生学习与发展上的问题来提供有针对性的改进措施。

表面上看，目的似乎是外在于课堂评价的，不属于课堂评价本身。但事实上评价目的是课堂评价的一个非常关键的要素，它会影响甚至决定课堂评价的其他核心要素，决定整个课堂评价系统的设计。[1] 课堂评价的目的会决定课堂评价的目标、评价方法、评价主体等。

也就是说，促进初中生创造力发展的课堂评价不仅仅是用来进行选拔或者是确定某个学生的学习水平的，评价结果也不是只用来比较的，教育工作者应该将课堂评价的目的定位于促进学生学习或发展水平的提升，要坚持以学生为主体，对全体学生进行德育教育，根据不同学生的不同特点选择不同的教育方法，使学生通过层层训练，逐步掌握各种知识。[2] 这样的课堂评价才更有意义，更利于促进学生学习进步。

（二）课堂评价的目标

教育评价回避不了"评什么"的问题，课堂评价同样如此。可"评什么"不同于我们经常认为的"评价内容"，而是我们对学生学习结果

---

① Brookhart, S.M., *How to Give Effective Feedback to Your Student* (Alexandria, VA：ASCD, 2008), pp.16-28.

② 贾居辉：《巧设达标练习，完善目标教学》，《读写算》2012年第74期。

的预期，也即评价目标。按照"当代教育评价之父"泰勒（Tyler）的观点，评价是查明学习经验实际上带来多少预期结果的过程。教育活动总有目的性，总是有意识地期望得到某些结果——评价就是要衡量学生是否真正达到这些预期的结果。[①] 因此，目标在评价中起着关键作用，实际上，评价就是用预定的目标来衡量学生学习结果的过程，目标就是评价的标准。没有目标，也就没有标准，因此也就没有评价。和人们在日常生活中对人、事、物的评价一样，教师对学生学习与发展的评价也必然是有目标的，尽管这种目标可能在很多时候是隐性的。比如，当一个人评价另一个人的行为对错时，他的头脑中一定存在着某种衡量对错的标准；当教师评价一个学生的课堂表现情况时，他的头脑中也一定存在着自己关于"好的表现"的标准。课堂评价本质上就是查明"学生是否达成预期的学习目标，与预期的学习目标存在多大差距及差距体现在哪些方面"的过程。

评价目标即所要评价的那些目标，从理论上讲，它应与学习目标一致，否则评价就不可能查明学生当前的学习状态与目标状态之间的差距。如果课堂评价是收集信息的过程，那么它收集的信息不应仅仅局限于有关学生当前学习状态的信息——尽管这可能是对"评价中应收集的信息"通常的理解，但准确地说，课堂评价要收集的信息是有关学生当前学习状态与目标状态之间的关系的信息，是关于学生在达成目标的旅程中学习状态的信息，即相对于目标要求，学生知道什么、知道到何种程度，能做什么、能做到何种程度。

按照泰勒的观点，每一目标都包含了行为和内容两个方面。如果我们对现行各学科课程标准中的"课程目标"进行简化，那么所有的课程目标都可以简化为"动词+名词"的表述方式，如义务教育数学课程标准中第一学段"图形与几何"部分的目标之一"通过实物和模型辨认长方形、正方形、圆柱、球等立体图形"，简化后就是"辨认

---

① 〔美〕Ralph W. Tyler：《课程与教学的基本原理》，罗康等译，中国轻工业出版社，2008，第37~43页。

立体图形"。①"立体图形"规定了目标中的内容，"辨认"规定了目标中的行为，前者是内容标准，规定了教师要教什么、学生要学什么；后者规定了教师该教到何种程度、学生应学到何种程度。评价也就是要查明学生在经过学习之后能否对长方体、正方体、圆柱和球等"立体图形"进行"辨认"，只要能够进行辨认，那么就是达成目标了。

目标对内容和行为具有的规定性使得其在评价系统中具有举足轻重的地位，可以说，评价目标决定了评价的设计，尤其是评价的内容和评价的方式。评价应当覆盖哪些内容需要由评价目标做出规定。比如，初中学生在学习鲁迅的《故乡》课文时，要学习的重点知识有两条：一是理解运用"对比"突出主题思想的方法；二是理解"议论"在小说中所起的作用。结合学生已学的知识分析，后者是一个难点，理解并学会"议论"这种表达方法，已经超出了一般学生的能力范围。这就要求教师在进行课程目标设计与分析的时候，将其作为重点内容深入讲解，让学生真正地明白并理解这一表达方法。

（三）课堂评价的方式

课堂评价是收集信息，那就一定会涉及如何收集信息的问题。这关涉到很多具体的方面，比如是在日常教学情境中收集信息，还是在专门预设的情境中收集信息；是持续地收集信息，还是间断性地收集信息。教师所选择的课堂评价的方式，关乎课堂的整体学习氛围，影响到学生的学习态度和积极性，从而关系到学生创造力能否实现发展和进步。

首先，就教师实施评价的情境而言，教师大多是在日常的教学实践中进行评价，或者是专门抽出时间进行评价活动。其次，从评价的实施方法上来看，教师大多数选择纸笔测验、口头提问、练习等方法，但是在进行课堂评价之前，教师可以通过一些教学手段营造更柔和的课堂评价氛围。课程文化作为一种软文化，一直不断地被强调，是因为课程文化具有很

---

① 《教育部关于印发义务教育语文等学科课程标准（2022年版）的通知》，中华人民共和国教育部网站，2022年3月25日，http://www.moe.gov.cn/srcsite/A26/s8001/202204/t20220420_619921.html。

强的渗透作用。在教学层面上，引进优秀的课程文化可以打造更具艺术性、创造性的课堂，从而为初中生的创造力发展提供良好的基础。

评价方式中各种变量的不同组合会产生众多不同的评价方式。具体运用何种评价方式，并不完全取决于我们的理念或偏好，而是要考虑其对教师的教学方向和学生的学习方向的引导作用，这正是评价方式的关键要点。

有学者认为关于学习的评价更多的是一种总结性的评价，为了学习的评价更多的是一种形成性评价。为了实现学习目标，两者应该结合起来，相互补充。同时，有学者指出，这两种评价虽然都关注学生的学习，但在本质上都是外在于学生的，均由教师或管理者来实施。相比之下，作为学习的评价则以学生为中心，更为关注作为独立的学习者的学生，关注学生对自我学习情况的意识以及对自我学习过程的监控。相应地，教师在这一过程中扮演着指导者的角色。丁念金在素质文化视野下探讨了当前课堂评价应该秉承的理念。他认为，素质文化视野下的课堂评价应该以素质发展为核心导向，注重自主、个性化以及师生的共同成长。[1]

（四）评价结果的运用

在常规的认识中，评价结果的运用通常被认为不是评价本身的组成部分，而是评价的后续环节。但从实践逻辑来看，评价结果的运用是评价过程的一个重要组成部分。课堂教学的改革与实验必须找到切实有效的切入点和突破口才能取得满意的结果。[2] 传统课堂评价的弊端在于没有正确认识课堂教学评价的作用，把教学评价本身当作目的与终结手段。现实的课堂教学评价存在评价主客体单一、方式传统、内容浅显、作用甚微等问题。因此，促进学生学习与发展的课堂教学评价应具备多元性、整体性和过程性的特点，运用课堂评价结果时，还要遵循发展性、学生中心和全面性的原则。

---

① 丁念金：《素质文化视野中的课堂评价理念》，《全球教育展望》2011 年第 12 期，第 3~8、30 页。

② 刘仲林：《中国创造学概论》，天津人民出版社，2001。

　　评价结果的运用经常仅被作为评价的后续环节，但好的评价，尤其是服务于教育目的且作为教学过程有机组成部分的课堂评价，必须是一个循环圈，应当用来影响之前的教与学，甚至影响评价本身，包括评价目标的设定、评价任务的设计等。[①] 许多教师在头脑中是赞同以评价促进学生学习与发展的，但在实践中，评价在促进学生学习与发展中发挥的作用受到很大局限，甚至有时会阻碍学生学习与发展。课堂评价结果的不恰当运用，反而会使学生的积极性、创造力发展受限制。就此而言，在整个评价系统中，评价结果的运用即使不是一个根本性的变量，也至少是一个至关重要的评价要素。

　　首先，要加强课堂评价领域的研究，改变当前课堂评价备受冷落的现状，不仅需要一线教育工作者的不懈探索和努力，更需要研究者的高度重视，尤其应加强研究者与中小学间的合作，对新课程改革推进过程中课堂评价所遇到的现实问题进行深入系统的研究。其次，评价作为一个专业性很强的领域，其研究不仅需要课程与教学领域专家、测量和评价专家的支持，同时还需要心理学、教育技术等领域专家的介入，以扩充和丰富研究领域，提高研究质量。[②] 最后，应提升教师评价素养，增强其课堂评价能力，以提高课堂评价质量。应加强对一线教师在课堂评价能力方面的培训，改变长期以来课堂评价经验主导的状况，提升一线教师课堂评价的科学性。[③]

二　促进初中生创造力发展的
课堂评价的基本原则

　　课堂评价是教师在日常的教学情境中通过对学生学习的评价促进其

---

① Stiggins, R., Aeter, J., Chappuis, J., Chappuis, S., *Classroom Assessment for Student Learning: Doing It Right-Using It Well* (Portland, OR: ETS Assessment Training Institute, 2004), p. 27.

② 袁金华主编《课堂教学论》，江苏教育出版社，1996。

③ 周智慧：《发展性课堂教学评价体系探讨》，《教育探索》2010年第6期，第47~48页。

创造力发展的过程。作为教育评价的重要组成部分，课堂评价对促进学校教学改进、实现学生全面发展和教师专业成长具有重要的价值和意义。为了促进初中生创造力的发展，教师在课堂评价过程中应该坚持四个原则：激励性原则、客观性原则、导向性原则、多元性原则。

（一）激励性原则

德国的第斯多惠（Diesterweg）认为："传授本领并非教育的关键性任务，教学的关键是唤醒、激励与鼓舞。"实践证明，一般情况下，人的能力只能发挥 20%~30%，若给予充分的肯定与鼓励，人的能力发挥比例可提高到 80%~90%。[1] 适当的激励能够激发学生的创造潜能，启发学生的心智，促使学生积极思考。在教学活动中恰当地运用激励性语言，有助于培养学生的自信心，提升学生的成就感，增强学生前进的动力。因此，教师要树立新时代育人观念，善于从学生的反馈信息中敏锐地捕捉他们的闪光点，及时肯定学生微小的进步，激发他们继续探究的热情、信心和勇气，从而增强他们的创新精神和创新能力。激励性评价应该做到既锦上添花，也雪中送炭；既要让学优生更加刻苦地学习，也要让学困生获得充足的自信，助其不断进步。激励性评价是学生的精神食粮，教师一旦掌握这项"法宝"，就会带给学生源源不断的学习动力，让每个学生在丰富多彩的知识海洋里遨游，从而萌发出浓厚的学习兴趣，获得全面成长。

激励性评价具有激发学生潜能，促进学生对学习产生积极性与主动性的重要作用。每堂课都有相应的教学目标，教师在开展激励性评价时，应将评价与目标相结合，进行有针对性的激励，让学生从评价中获得成功的体验，从而产生强烈的学习动机，为学习奠定基础。而赏识性语言是最方便、最快捷、最灵活、最可控的评价方式，教师可从学生的角度出发，在了解学生心理状态的基础上，用言语鼓励、赞美学生。教师每一句赞美的语言，都有可能给学生带来新的希望，改变他们的命运。

---

[1]　于浩主编《中学化学创新教法》，学苑出版社，1999。

（二）客观性原则

全面、客观、公正的评价，可以帮助学生正确认识自我、增强自信、激发学习热情。客观性是指从实际出发，采取实事求是的态度，按客观事物的本来面目反映事物。遵循客观性原则是实施课堂评价的基础和前提，也是课堂评价的灵魂。一方面，在课堂教学中，对于学生反馈的信息，教师要做出客观、准确的判断，既要肯定学生的成功与进步，又要及时、明确地指出学生存在的问题与不足，让学生清醒、正确地认识自我，进而改进自我、完善自我。另一方面，在课堂教学中，对待所有学生要一视同仁，坚持做到客观公正，切忌厚此薄彼，不能只关注学优生，也要看到学困生。每个学生都是有思想的独立个体，教师在评价中若厚此薄彼，会让师生、生生之间产生隔阂，从而使学生出现心理偏差。这种心理偏差，可能是厌学的主要原因之一。因此，教师应公平、公正地对待每一位学生，绝不能让任何一个学生受到孤立或冷落。尤其是对于学困生，教师应给予他们更多的关心与帮助，用各种激励性的评价来肯定他们的进步。

（三）导向性原则

评价的目的是引领、指导、促使学生达到学习目标，在学生做对时激发其潜能，在学生做错时激发其信心，为学生指明前进的方向，促进学生学习与创造力发展。当学生的独特体验、多元表达与主流价值观、知识的科学性发生矛盾时，教师应发挥评价的导向作用，进行方法指导、意向引领和人生导航，坦率地指出学生的不足，耐心地予以纠正，并提出希望。但教师也不能一味地追求评价的多元性，无原则地"尊重"学生。对于学生出现的知识性错误绝不能认同，至少要给出正确的讲解与示范，对于学生的不良个性行为也不能迁就，至少不应予以肯定。因此，有效的评价要求教师不只是简单地甄别或褒奖，还要唤醒、感染、激励和引导，发挥榜样的作用。

（四）多元性原则

所谓多元性，是指事物所具有的多样性和灵活性，它表征着民主、平等、自由、开放、选择和宽容。学生的能力是多方面的，每个学生都有各自的优势，学生的学习行为是多维的综合能力的体现。评价的多元性原则体现了因材施教、鼓励学生个性发展的要求，主要表现在以下几方面。

第一，评价主体多元化。在新课标背景下，教师不再是课堂的主宰，评价不再是教师的专利，教师、学生本人和学生的同伴都可成为评价的主体。

第二，评价内容多维化。新课标要求课堂评价从单一的评价变为全方位的评价：既要有对知识和技能的评价，又要有对情感态度与价值观的评价；既要有结果评价，又要有过程评价；既要对学生课堂学习参与状态与习惯养成进行评价，又要对教学过程中涉及的教学资源进行评价。

第三，评价方法多样化。教师不仅要注重运用语言激发学生主动参与学习的欲望和需要，还要充分运用"无声"的非言语评价，重视体态语言的设计，不断创新辅助评价手段，丰富评价情感，让课堂焕发出活力和生机。

第四，以个性和创新素质为重点。人的个性是创新的基础，没有个性就不可能有创新，因此评价要重视人的个性的彰显和发展，重视人的潜能的开发和发挥。创新素质涵盖了人的有利于创新的一切素质，包括创新意识，创新精神，创新所需的心理品质、道德品质、思维品质，以及观察力、思维力、想象力等，这些都应该成为评价目标和内容的重要组成部分。另外，要尊重评价对象在评价中的个性化反馈方式，这有利于从评价对象多元化发展的实际出发，制定个性化评价目标；评价内容、形式、方法等要讲求开放性、选择性，为评价对象创设宽松民主的氛围，搭建其彰显个性、展示才能的舞台，为其提供充分发挥特长的条件。因此，必须重视对评价对象的综合评价。

三 促进初中生创造力发展的
课堂评价的依据标准

制定科学、客观和有效的促进初中生创造力发展的课堂评价标准，建立起"导向—评价—反馈教育—改进"机制，有助于促进初中生的创造力发展。因此，我们在借鉴国内外促进初中生创造力发展的课堂评价理论研究成果的基础上，结合学校实际，深入调查初中生创造力发展的现状，制定出具有可操作性、客观和有效的促进初中生创造力发展的课堂评价标准。评价主体不同，促进初中生创造力发展的课堂评价标准也不同。制定科学、客观和有效的促进初中生创造力发展的课堂评价标准，要保障以下几点：评价合乎伦理，实现手段与目的的融合；评价主体多元，实现自我与他者的统一；评价融入教与学之中，实现信息转换。

（一）评价合乎伦理，实现手段与目的融合

评价应该是合乎伦理的，这是从事评价工作的底线。美国教育评估标准联合委员会发布的《学生评价标准》就明确指出"学生评价应该是合乎道德、公平、有用、可行和准确的"，并且强调七个方面的评价正当性："服务于学生的教育需求，评价政策和程序一致且公正公平，获取与使用评价信息时保护学生隐私权，尊重学生，保护学生权利和利益，平衡学生的优缺点评价，公开而真诚地处理学生的兴趣冲突。"对于深度学习来说合乎伦理的评价是一条生命线。如果学生在评价中受到伤害，他们进一步学习的意愿、动力等就会减弱甚至丧失，深度学习也就不可能发生。需要通过遵守三个方面的基本规范来保障评价合乎伦理。

第一，公平公正地对待学生，使学生愿意投入学习。公平意味着采用适切的评价，给予每位学生在学习机会、过程和结果诸方面的平等地位，以及充分的评价知情权和参与权，学生不会因暂时的考试失利或不良的课堂表现而得不到教师积极的回应。公正表现在评价程序和个人意见上，一方面要确保评价任务与程序的公正，如在设计评价任务、进行

评分或评等时，尽可能避免学生性别、成绩、家庭条件等方面的偏见；另一方面要避免对学生形成成见，随意给学生贴上标签，如"男生的数学能力比女生强""那些爱打扮的学生对学习不会感兴趣""他是有学习障碍的人"，以致在评价时对其戴上有色眼镜。

第二，保护学生的评价信息隐私，使学生树立能够学好的信心。评价信息方面的隐私主要是指未经教师告知或公布，一个人无法得知他人的深度学习结果，如考试成绩及其名次、课堂练习成果等。教师不能随意公开这些信息，特别是那些深度学习表现及结果不佳的学生的信息，而是要为学生提供心理上的安全感，不让被评价者对评价产生焦虑与畏惧，并引导学生正确对待与处理这些信息，关注自己与自己设定的目标的距离，明确前行的方向。

第三，尊重学习的多样性，给予人文关怀，使学生能够持续地学习。对于学生学习的多样表现，不要因学生不会调用高阶思维而奚落他/她，不要因学生暂时掉队而放弃他/她，不要因学生一时的失利而打击他/她，而是要给予学生有温度、有温情的评价，让学生感受评价中的师爱，保持学习动力，积极改善学习状态。

评价合乎伦理的目的是实现学习高投入，为深度学习提供根本性的条件保障，实现评价为善的初衷。合乎伦理的评价无形中帮助教师实现了促进深度学习的评价目的，以善的手段达到善的目的，使目的的正当性和手段对于目的的适切性得到统一。

（二）评价主体多元，实现自我与他者统一

要使深度学习在评价过程中发生，学生学习情况的知情人就应该参与进来，因为他们不仅可以分享各自熟知的学习信息，确保信息的真实与全面，还可以借助熟人关系，通过相互间的交流与协商，使产生的评价信息容易被学习者接受与消化。评价主体要在自我和他者的评价中寻求统一。

一方面，教师、同伴与家长在评价学习的过程中，应利用学习者的反馈信息反思自己的评价行为，使自我与他者在评价目标上实现一致。另一方面，学生应依据学习目标在自评与他评之间找到平衡点，运用过

滤后的评价信息管理自己的学习，明确既有的学习水平以及其可能的提升方法，规划并开展后续的学习。

课堂评价主体应以教师为主。教师既是课堂决策的参与者又是课堂评价的执行者，因而他们了解课堂教学的各个环节，也对课堂的价值体察最深。教师最能提出改进课堂和教学的切合实际的建设性提议，因此教师必须是课堂评价主体中的核心。

学生也应是课堂评价主体的重要组成部分。[1] 学生作为课堂影响的承受者，对课堂的优点和缺点体会最深，对课堂的合适程度感受最深，对课堂中的教与学最有发言权，因而将学生作为课堂评价的主体是非常有必要的。

公众、课堂专家、教育主管部门、社区等都应成为课堂评价的主体，因为来自不同群体的人员所代表的利益不同，他们的需求也必然不同。从不同角度对课堂进行评价有利于课堂自身的发展，另外公众对课堂的意见在一定程度上也有利于评价的进步。诊断性评价是在优化和调整教育方案，或规划教育过程与开展相关活动的过程中根据所存在的问题而进行的教育评价活动。其能够为教学活动提供诊断性信息，优化教学效果。诊断性评价的主体是课堂专家或课堂专家组，形成性评价的主体是教师和学生。总结性评价是课程在实施或实施一个阶段之后的评价，是在教育活动发生后对教育效果的评估判断，是对学生的学习下结论和做出判断的评价方式，具体形式包括各种测验、考试等。

综合起来，评价主体多元的目的是通过自我与他者对学习信息的分享、处理与再建构，促进学习者开展深度学习。

（三）评价融入教与学之中，实现信息转换

无论是为了学习的评价，还是作为学习的评价，都将评价纳入教学和学习过程中，使评价、教学、学习构成一个循环圈。[2] 教师在输出教

---

① 李静：《指向自我调节学习的学生自我评价研究述评》，《全球教育展望》2018 年第 8 期，第 48~58 页。

② 王少非主编《课堂评价》，华东师范大学出版社，2013，第 31~32 页。

学信息的过程中，需要借助情境性的评价任务或活动以及同伴评价，促使学生最大限度地接受教学信息，将其加工成为临时性的学习信息。之后，教师通过设置具有检测功能的评价任务，如课后纸笔练习、探究性项目等，引导学生在学习中开展自我评价，不断反思与应用那些临时性的学习信息，进而将其内化为可以随时调用的知识，最终将其纳入已有的知识结构或建构新的知识图谱。当学生达不到深度学习的要求，就会反作用于评价，迫使师生审思、修正、调节以及优化教与学行为。在这个过程中，教师做出的有关学习的评价是明线，而学生及其同伴的作为学习的评价是暗线，二者相辅相成，共同服务于教师的教和学生的学，使教学变得理性且具有德性。从这个意义上说，评价不仅实现了教学与学习信息之间的转换，而且解放了教与学。教师运用课堂评价从过度教学中解脱出来，使教学变得有序、有效、有道德意义，学生借助课堂评价从被动学习和为考而学中解放出来，使学习变得更加主动和充满生活意义。这些正是实现深度学习中的"三高"（高投入、高认知、高产出）所需要的。在通过课堂评价促进学生创造力发展的过程中，我们可以发现，有效的教学策略和积极的学习氛围对学生的学术成就至关重要。在这种背景下，信息技术教育的重要性愈发凸显。信息技术教育能够为学生提供更加丰富、个性化且更具互动性的学习环境，它通过多媒体、互联网和各种软件工具，增强了教学内容的吸引力和教学方法的多样性。应借助信息技术教育与课堂评价的结合，进一步提高学生对课堂的投入程度并促进学生的创造力发展。随着素质教育的发展和教育信息化的推进，中小学信息技术教育越发重要。而信息技术与其他课程教学的整合，是普及信息技术教育的关键，是信息技术课程和其他学科双赢的一种教学模式，同时也成为当前我国信息技术教育乃至整个教育信息化进程中的一个热点问题。

第一，将信息技术融入学科教学十分重要，其改变了传统教学模式，促进了教学思想理念、教学方式方法的转变。从教学整体上看，多媒体技术丰富了教学内容，提高了教学效果，扩大了教学规模，推进了教学现代化。从教学系统上看，多媒体技术在教学中的应用引起了教学内容、教学方法、教学组织形式等的一系列变化，导致了教学思想、教学观念甚至教学体制在一定程度上的转变。把信息技术应用到实际教学当中，使信息技术充分发挥作用，提高教学效率，突破重点难点，甚至在信息技术的支持下改革现有的教学方法、教学内容和教学观念，是一个极为重要的课题。这涉及课程整合的问题，即信息技术课程与其他各学科课程教学的整合。

第二，利用信息技术，引导学生积极参与学习。这可以使学生充分发挥主体作用，实现教学与信息技术教育的整合，推动课堂教学实现新的突破，让人耳目一新，并在教学中化难为易、化复杂抽象为直观形象。同时，其也可以为学生提供视觉、听觉、触觉等方面多样化的外部刺激，为学生提供更多的认知和学习途径，在有限的时间里，加大教学密度、丰富教学内容、提高课堂效率。通过投影屏幕，可以增强学生直观的感性认识，培养学生的观察力，加深学生的记忆，开阔学生的视野，发散学生的思维，丰富学生的想象。学生通过网络，可以彼此交流观点、共享信息，共同进行观察、比较、分析、评价等活动，既有利于学生对问题的理解、对知识的掌握应用，又有利于培养学生的互助品格。应鼓励学生正确利用互联网资源，查阅丰富的信息，进行交流，开阔视野，展示他们的成果与能力，使课堂知识在网络中延伸、拓展。

新课标要求在实施评价时，应注意教师的评价、学生的自我评价与学生间互相评价相结合。多元评价方式将代替传统的单一评价方式，并在促进学生全面发展中发挥积极作用。在教学中要从多个角度组织学生进行自评和互评，对待学生的学习不应只看他有没有掌握知识，更要看他在这个学习过程中所付出的努力、学习的态度、所用的方法、是否有持之以恒的耐心和永不言败的毅力。评价不仅应实现教学与学习信息之间的转换，而且要解放教与学。①

---

① 李静：《指向自我调节学习的学生自我评价研究述评》，《全球教育展望》2018 年第 8 期，第 48~58 页。

第五章　案例省思：典型做法、存在问题及归因分析

促进初中生创造力发展的课堂评价需要借助综合素质评价对学生全面发展状况进行观察、记录和分析，是发现和培育学生良好个性的重要手段及深入推进素质教育的一项重要活动。本章以课堂评价的实践为案例，对具有良好评价素养的教师的典型做法进行呈现，并对其中依然存在的一些共性和个性问题进行剖析，以期探寻促进初中生创造力发展的课堂评价的应然理念、评价方法和评价结果等内容。

一　典型做法

课堂评价是对学生学习与发展的一种及时有效的评价方式，学校在日常教学实践活动中也在充分地运用并发挥其重要的育人价值，它不仅能够促进学生的学习与发展，还可以促进教师改进教学，对于推进学生综合素质评价的常态化开展也有着不可替代的作用。本书选取郑州市 Z 中学七年级、八年级、九年级课堂等作为案例研究对象，这是由于郑州市 Z 中学是河南省教育厅人才培养模式创新项目实验学校。对 Z 中学中具有良好评价素养的教师在课堂评价中的典型做法进行呈现，可以为促进初中生创造力发展的课堂评价框架模型构建提供实践支持。

（一）郑州市 Z 中学七年级课堂评价表现分析

郑州市 Z 中学是较早对在综合素质评价背景下如何通过课堂评价促进初中生学习与创造力发展开展研究的一所学校，这就意味着该学校对如何在学校里更好地实施课堂评价进行了较长时间的探索。这里列出该校几位教师开展促进初中生学习与创造力发展的课堂评价的案例，以便发现其中存在的问题。

以下是 Z 中学七年级的 F 教师对促进初中生学习与创造力发展的课堂评价的体会。她认为，教师应该从不同的视角、不同的层面去看待每个学生，善于发现学生各自的优势智能领域，并运用评价促进学生将其优势智能领域的优秀品质向其他智能领域迁移；应该注重对学生建构知识时采用的策略或方法的评价，将评价作为教学的一个组成部分；应该采用师对生、生对生及学生自我评价相结合的多元评价机制。这种评价方式处处体现着这样一个原则，那就是"以人为本"，并将推动初中生学习与创造力发展作为其最终目标。

F 教师分别从评价方式多样化、注重课堂评价、促进学生的全面发展、建立全面的评价机制等四个方面对学校的课堂评价表现进行总结和概括。以下是 F 教师在这四个方面的具体经验总结。

第一，在综合素质评价背景下开展促进初中生学习与创造力发展的课堂评价，要使评价学生的方式变得多样化。"以学生为主体"是课改中着重强调的内容，但关键是其是否作为一种观念深入人心，落实到位。在课堂评价方面，家长甚至还有部分教师对来自学生的课堂评价重视程度不够，把学生课堂评价看成可有可无的项目，即使重视也没有将其较好融入整个教学设计当中。造成这种现象的原因可能是多方面的，如不清楚学生自我评价如何在课堂上开展，以及对其信度和效度有所怀疑等。对此，可以将课堂评价的内容、方式方法等前置，融入一开始的教学设计当中，对学生自评、学生同伴之间的互评等予以指导，真正发挥学生在评价中的主体性。

例如：可以倡导学生自主组织活动，在小组中进行观察、记录，使他们通过活动设计与参与，收集评价自己或者他人必须用到的证据；也可以组织学生以组为单位，对每人的作业进行阶段性的评价，在按时完成与否、完成质量的高低等方面做综合评价。在老师、家长这方面，要从意识深处更新传统评价观念，要懂得充分尊重学生的评价结果。只有尊重学生评价，才能促使学生重视评价意义和价值，这有利于学生发展自己的优势特性与发现自身不足，真正发挥评价对学生学习与创造力发展的促进作用。

F 教师认为促进初中生学习与创造力发展的课堂评价应该发挥的功能有：首先，反映学生学习的成就和进步，激励学生学习；其次，帮助教师诊断学生在学习中存在的困难，及时调整和改善教学过程；再次，帮助教师全面了解学生的学习历程，帮助学生认识到自己在解题策略、思维或习惯上的优势和不足；最后，使学生形成对学习的积极态度、情感和价值观，促进学生创造性思维的培养，帮助学生认识自我、树立信心。

第二，学校注重促进初中生学习与创造力发展的课堂评价，使课堂评价能够发挥激励作用。课堂是实施素质教育的主阵地，评价的目的是全面了解学生的学习状况、思想状况，激发学生的学习热情，促进学生的全面发展。同时，课堂评价也是教师反思和改进教学的有力手段。

在课堂评价的过程中，教师首先要注重对学生学习过程的评价。要了解学生是否积极主动参与学习活动、是否乐意与同伴进行交流和合作、是否具有学习的兴趣，此外还应重视学生思考的过程。在评价学生的学习过程时，采用建立成长记录袋的方式。其次要注重评价学生对基础知识和基本技能的理解和掌握情况，这是课堂知识教学板块的重要组成部分。再次要注重对学生发现问题和解决问题能力的评价，这是对学生创造力发展情况的分析与评价。最后还要注重评价方式的多样化、全面性。

F 教师认为，进行促进初中生学习与创造力发展的课堂评价，从根本上改变了"仅以分数高低论学生好坏"的偏颇做法，改变了仅以学生学业成绩来衡量教师工作业绩的传统做法。这对学生是一种激励，对教师是一种鞭策，使教师从"应试教育"中走了出来，将更多的时间和精力投入教育教学，从而更好地认识到自身的价值，实现自身的专业发展与提升。同时，学生的知识与技能、学习过程与方法、情感态度与价值观紧密联系，相得益彰。因此，通过有效的课堂评价，有助于教师更为全面、深刻地了解学生的优势和不足，根据学生的特点给予学生有针对性的指导，促进学生良好个性和创造力的发展。

第三，学校将"促进学生的全面发展"作为评价的终极目标。对学生学习的评价，应当始终坚持以促进学生学习与发展为目的。教师要注重对学生心理、认知发展水平的观察与研究，形成切实可行的"班本化"评价方案，使评价准确、公正、科学，能真正促进学生学习与发展。另外，评价结果不能停留在传统的"优""良""中""差"上，教师必须有这样一种意识：让学生尝试开展自主评价，发挥学生评价的主体性作用。但是这并不等于放弃教师的引导作用，教师要善于利用评价来激发学生的创造性思维。总之，要发掘学生不同领域的长处，帮助学生树立学好各门功课的信心，使评价更好地发挥激励、促进作用。这种促进作用主要表现在学生的学习习惯、进取精神、创造力、知识结构、行为能力等方面。

通过促进初中生学习与创造力发展的课堂评价，F 教师才真正意识到一个优秀的人才应该是一个全面发展的人、有着创造力的人。他/她的知识不是单一的，而是系统的、全面的。学生的良好素养也体现在其各科学业都比较优秀上，其创造力也会随着学业的进步而不断提高。

第四，建立全面的评价机制。采用自评、互评、教师评、家长评等多元评价方式，评价结果以等级的形式出现，每学期评价一次，毕业时进行总评。

首先，教师评价。班主任结合各任课教师意见，针对学生平时表现做出相应的评价，说明每个学生的出色之处与存在的潜能，提出不足。其次，学生互评。学生互评前应对学生进行培训和引导，避免以偏概全。班主任应对评价要素进行描述、说明，以保证学生互评结果的准确性。每名学生都参与对全班其余同学的评价，评价分为"A、B、C、D"四个等级，由学生在认为合适的选项上画"√"，学生互评完成后，由班主任负责组织对同学互评情况进行统计分析，得出每个学生的等级。

F教师最后总结道，基于现代教育评价理论，评价方式应该体现一个原则——"以人为本"，要把促进学生的学习与发展作为评价的最终目标。应重视课堂评价的地位，更好地引出课堂评价信息，要在观念上真正"以学生为中心"，教师要注重对学生心理、认知发展水平的观察与研究，形成切实可行的评价方案。

Z教师则从另外一个角度对如何开展促进初中生创造力发展的课堂评价提出了自己的看法。与其他教师不同的一点是，Z教师能够意识到创造力发展是与课堂评价紧密相连的，她从课堂评价策略的角度探索创造力发展与课堂评价的关系。以下是Z教师开展促进初中生学习与创造力发展的课堂评价的一些做法。

Z教师认为，新课程改革要求从"知识课堂"走向"生命课堂"，课堂是师生生命活动的构成部分，教学过程应该充满生命力。课堂评价渗透于课堂教学之中，同样也应该充满生命力。中学七年级语文课堂评价，指的是在中学七年级语文课堂上对学生参与学习活动的情况给予及时适切的评价，运用恰当的方法收集课堂评价信息，目的在于促进学生交流与反馈能力的提升，激发他们的创新欲望。

应通过开展促进初中生学习与创造力发展的课堂评价，让学生品尝成功的愉悦，增强学习信心，发现自己的不足，明确努力的方向，并促进他们潜能、个性、创造性的发挥，使每个学生具有自信心和持续发展的能力。因此，如何真正把握课堂评价的精髓，发挥评价的育人功能，引导学生不但求"知"，更要求"法"，不但"好学"，而且"会学"和"学会"，更要"学得有兴趣"和"学出创造力"，是课堂评价中的关键问题。以下是 Z 教师提高中学七年级语文课堂评价的有效性的一些具体做法。

首先，在课堂评价中，教师要竭力寻找学生的闪光点。哪怕学生的发言中只有一个词用得准确，只有一句说得精彩，也要立即给予热情的鼓励。这样可以让每一个学生意识到教师在时时关注着他们的细微进步，并和他们一起分享这种进步带来的快乐。在课堂上，不管哪个学生提出问题或回答问题后，都希望得到教师的肯定。因此，教师评语中要尽可能多一些赏识和鼓励，这样才能充分调动学生学习的积极性、主动性，使学生有被认可的满足感和成就感。

两年前，我第一次接手七（2）班，班里42个孩子都是全新的面孔，作为这个班的班主任兼语文老师，我需要尽快了解熟悉班里每个学生的情况，经过半个月的相处，我发现班里有位名叫×××的女生上课注意力不集中，作业完成得非常差，课间都是独来独往，看到老师，眼神也总是躲躲闪闪，听同学们说她学习成绩不好，经常考试不及格，在班里基本上是垫底的。

有一次，在课堂上布置的作文《感受自然》中她写道——"玫红和靛蓝卷挟着温蕴的橙光与远方初上的华灯在天际交织成厚重的釉画。层层尘霞沾染心绪洒渡于身，回神，竟觉得这霞光是如此灼热，又或是因为桌上那分数不佳的试卷而变得滚烫。

"'天生愚笨吧，比别人都差劲是没办法的事。'我轻轻低头攥住浸湿的校裤，双眼又模糊起来。'别人生来是花，作为草的话，是怎么样都不及花的眉眼半分的。'轻轻叹着气，揩去眼泪准备入眠。心中有惑，辗转难眠。

"风吹入户，起身关窗。窗外那枝细杆的老枯木被凛冽的晚风摇曳着伸入窗框，那没了叶的枝就那么一头撞进我微红的眸子里。几次那强势的风将它吹着贴向地面，隐约的折断声划破了寂静的夜。看着那在风中挣扎的枯木，'定是要折断了。'我想。可是面对这卑微受虐的枯木，我却看到它背后映出的是自己的影子。思来想去，鼻尖竟隐隐透着酸楚，于是作罢，翻身睡去了。

"熹微的晨光中，星星丢了身影，清蒙蒙的雾气伴着太阳的暖光渐渐洇开，路灯在寂静中闪着光亮起来，城市也还在沉睡。

"我早早醒了，一眼瞥见那窗角的枯木。见它靠着窗框傲然挺立，不见半分昨晚的狼狈，隐隐竟透着嫩绿。靠近细细瞧着，发觉是微绿的芽。有些新绿轻轻绽开，簇拥着其中鹅黄的叶，似是花朵舒展开来，朝光为它镀了金，闪着晶莹的光。

"我细细思量着：'明明昨晚经历强风都要断掉了，可今早却依旧笑迎清风徐徐，带着那挫折后，满盛着傲气的"花朵"。'

"'或许枯木没有花朵妖艳，没有树木坚韧，但它依旧默默含蓄，不畏困难，开出自己的花。'于是乎，觉得心中那成长的道路渐渐明亮起来，漫长泥泞的小道一直延伸到远方的彼岸。"

当天语文课上，我立即在班里大声读了她的文章，夸奖她文章写得非常细腻、具有创新性。我在班里鼓励她："老师从你的文章中看到的是一颗善于观察、细腻、乐观向上的心，从你的文章中看出了你在写作方面具有的优势潜能。"慢慢地，这位学生愿意敞开心扉地表达自己了，脸上的笑容也多了，学习与发展能力也得到了显著提升。

此外，Z教师认为教师要抓住机会，及时进行激励性评价。要善于捕捉、把握时机，进行对话交流评价，促进师生、生生心灵沟通。激励性评价要面向全体学生，承认学生个体的差异性，采用纵向评价的形式。要根据学生的个性、气质、特点、学习水平，因人而异，因时而异，因境而异，做出针对性的、艺术性的评价。这样才有利于学生对评价的认同和接受，对评价的认同和接受有利于学生个性的发展和创造潜能的激发。

　　2020年初，一场突如其来的疫情，把每个人的身体与外界隔离了起来，也给每个人的心罩上了一片阴影，新冠疫情的暴发打断了正常的教学进程，线上教学成为一种新的教学形式，课堂讲授变成了网络授课，平日里面批面改的作业变成了钉钉家校本。

　　特殊时期，不是所有孩子都能做到自律，积极而有创意的激励性评价显得更为重要，每次的作业批改中我为每个孩子撰写了内容不同而又充满诗意的评语和诗句。我们班×××聪明贪玩，平时在学校的作业都是在小组长的催促下拖拖拉拉才完成，作业质量也不尽如人意。有一次，他提交的作业非常认真工整，批改时我写道："作业字体赏心悦目，问答题经过了认真思考，是大家学习的榜样，老师期待你更优秀的表现。"他的作业开始不认真的时候，我圈点出错误后批改道："枯木逢春犹再发，人无两度再少年，注意改正错误。"慢慢地，他学会了检查改正后再提交作业，我非常惊喜于他的进步，这样写道："作业检查批改认真，希望你继续和细心交朋友，读书之乐乐陶陶，起弄明月霜天高。"他的作业一次比一次优秀，我批改道："每次批改你的作业正确率都很高，这与你的认真细心分不开，归志宁无五亩园，读书本意在元元。老师希望你脚踏实地，宁静致远！"一向字体工整的×××突然作业字体马虎，我批改时写道："欲速则不达，希望你的作业不仅正确率高，还能让老师看到书法家×××的真迹，加油！"×××网课学习期间非常自律，我批改道："美玉琢磨终作器，分阴须惜莫蹉跎！每次打开你的作业都是一种美的享受，这么优秀的作业，一定下了很大功夫，你踏实刻苦的学习态度让老师非常佩服！"开学在即，对于学生提交的最后一次钉钉作业，我这样评价："乌云遮不住太阳，阴霾终究将散开。在这场战'疫'中，你做到了自律，在家能够合理安排自己的时间高效学习。我们要以'最美逆行者'为榜样，热爱祖国，敬畏生命，在前进的道路上策马扬鞭，成长为国之栋梁！"

教师要善于从多角度欣赏学生。使用准确、规范的语言实施评价，从多个角度来赞美学生的优秀表现，可以取得良好的效果。例如，对学生的精彩的发言，我经常这样评价："你的发言触动了我的思维，震撼了我的心灵！""你理解透彻，语言精当，表达流畅且自信满怀，我非常欣赏你！""我有听君一席话，胜读十年书的感觉了！""你让我看到了未来演说家的风采！"

Z教师认为，除语言评价外，情感激励和动作行为评价也是一种重要的激励方式。一个充满希望的眼神、一个赞许的点头、一个鼓励的微笑、拍一拍学生的肩膀，甚至充满善意的沉默，都不仅仅传达了一份关爱，还表达了一种尊重、信任和激励，这种润物细无声的评价方式更具亲和力，更能带来心与心的互动。教学过程充满着各种变化、发展以及始料不及的情况，这就要求教师在进行课堂评价时，灵活运用教学机制，将预设性语言和随机性语言结合起来，根据学生的反馈信息、突发情况，临时调整原先预设的口语流程，快速反应，巧妙应对，随机评价。在评价时，教师常常是对学生的表现给予直接评价，但从人和人的交流的角度来看，师生交流应该是一种充满智慧的交流，教师往往不是直接说明，而是给予学生一种感受的空间，留一点点余地让学生去回味去揣摩。教师不应只在评价语末尾画句号，应多点感叹、多点省略、多点疑问。

一次家长开放日的公开课上，我们讲《秋天的怀念》一课，《秋天的怀念》饱含作家对母亲的追忆与怀念，更是一篇充满人生哲理的感人作品，课文语言平实含蓄，情感真挚细腻。课上，我提出了一个问题："文中还有哪一句话描写了母亲深沉无私的爱？"话音刚落，胆小的×××颤巍巍地举起了右手，我知道，这个学生家庭特殊，妈妈外出打工常年不在她身边陪伴，我立刻捕捉到了她的眼神，让她站起来回答。她轻声回答之后，我向学生点点头，说道："虽然你的声音不太大，但是老师听出了你的重音，说明你把握住了文章重点，老师要奖励你一个拥抱。"拥抱的瞬间，一股暖流在我们心间流淌。

Z 教师认为，课堂评价中教师要敢于批评，"学习也是学生不断试错的过程"。因此，在对学生进行真诚赞美的同时，善意的批评也必不可少。没有否定的评价不是好的评价。教师评价学生时不能只是一味地表扬，对学生回答中的错误，要根据情况委婉或直接地指出来。

教师的评价要做到表扬与批评相结合，鼓励优秀，指出不足，激励后进。由于中学生的心智尚不成熟，他们的心灵易受到伤害，因此在对学生学习进行否定评价时，教师要有效地保护学生的积极性和自信心，善于运用巧妙、机智的语言来纠正学生的错误，鼓励学生修正回答，注意情绪引导，做到引而不发。要善于以激励性评价纠正错误，对学生的错误多一点宽容与理解，多一点商榷与探讨，要给学生提供纠错机会。

Z 教师认为课堂评价是师生共同参与的过程，而正确运用课堂评价可以实现师生的共同发展和进步。学生是学习的主体，因而课堂教学中的评价应包括学生评价和教师评价两方面，而我们当前教学中往往偏重教师评价。要改变这一现象，教学中应引导学生积极地参与评价，评价课堂学习材料和学习过程，评价同学的知识掌握和运用，评价自身的长处与不足，等等。在课堂评价的过程中，教师则采取延时评价的策略，使学生的思维趋向活跃，然后引导学生自评、互评，在互评中产生智慧的火花和积极的情感。

在我们班的语文课堂上，检查古诗词背诵时，"代理老师"发挥着重要作用，一个小组的成员背诵之后，下一个小组的成员会立刻站起来，充当"代理老师"的角色，从错别字、语调、感情、流利程度等方面进行点评，再为大家背诵一遍做示范，七个小组轮流充当"代理老师"，这个游戏结束后，全班同学都能有感情地熟练背诵一首古诗词了。

此外，引导学生自我评价也是一种好方式。现代教育评价理论认为，自我评价能够消除被评者本身的对立情绪和疑虑，调动其参与评价的积极性。例如，一位学生读完课文，我要求他自我评价，他说："我读得声音洪亮，但对文中人物感情把控不到位。""那能不能改进一下？"他又读了一遍，既响亮又富有感情，全班都鼓掌表示祝贺。

促进初中生学习与创造力发展的课堂评价不仅要关注共性，更要关注个性；不仅要关注学业成就，更要关注学生在学习过程中情感、态度和价值观的形成。课堂教学的有效性评价应该丰富而生动，以真实打动学生，以真情感动学生，用真诚引导学生，让课堂评价真正精彩起来，成为学生生命中"一次难忘的经历""一个永恒的瞬间"。

以上两位是具有良好评价素养的老师，她们以自己日常的课堂教学为例说明了她们在课堂评价方面的一些做法和收获。总体而言，开展促进初中生学习与创造力发展的课堂评价需要投入大量的时间和精力，需要在实践中去不断摸索、反思和改进。在课堂评价过程中，如果将创造力发展与课堂评价很好地结合起来，必定能更加有效地改善当前的课堂教学实践，提高课堂教学的有效性，发挥好课堂评价的支架作用，使其能够真正促进学生学习与创造力的发展。

（二）郑州市 Z 中学八年级课堂评价指标分析

Z 中学作为笔者所参与的合作项目中的实验校，在促进初中生创造力发展的课堂评价的校本化实施中经历了前期的探索、中期的调整，目前已经形成了较为完善的课堂评价体系。但在案例和调研中发现，Z 中学的做法在创造力发展与课堂评价的有机融合方面存在着诸多问题，在课堂评价的理念、评价体系的建立以及评价结果的使用等方面，都无法将促进初中生学习与创造力发展贯穿于课堂教学中，难以在课堂中渗入与创造力相关的评价目标和评价内容。

Z 中学针对八年级各学科设计了学业水平课堂评价二级指标和观测点、观察细则（见表 5-1 至表 5-9）。

表 5-1　语文学科学业水平课堂评价

二级指标	观测点	观察细则
学科能力	正确理解和运用学段所习得的语文知识	阶段性纸笔测试（语文限时练/周考/月考等）成绩优秀（成绩排在班级前 5 名）或进步显著（进步幅度排在班级前 5 名）
学习能力	1. 学习态度认真积极。 2. 自主阅读经典作品，主动积累、梳理、整合。 3. 合作探究，乐于交流	1. 课堂认真听讲，积极发言。 2. 每周认真阅读、做好摘抄。 3. 每节课都能积极思考，踊跃发言，认真做笔记。 4. 一周内每次都能够保质保量按时完成并上交作业
解决问题能力	1. 掌握语言文字的特点和运用规律。 2. 在语文实践活动中体验、鉴赏、评价、表达	1. 积极参与班级演讲、辩论、读书、征文等学科活动。 2. 作文质量高，被当成范文宣读
创新能力	开展研究性学习，有创新精神	积极组织和参与学科活动设计，研究文字文学现象，形成专题小论文

表 5-2　数学学科学业水平课堂评价

二级指标	观测点	观察细则
学科能力	1. 提出并解决问题	一周之内，至少 3 次参与展示
	2. 阶段性测试成绩优秀或进步显著	成绩排在班级的前 30%
学习能力	课堂认真听讲，积极发言	每节课专注投入，认真聆听，举手发言
解决问题能力	作业完成较好	每次都能够独立、规范、按时完成并上交作业，准确率高
创新能力	学科比赛获奖	不同级别奖励星卡有区别

表 5-3　英语学科学业水平课堂评价

二级指标	观测点	观察细则
学科能力	能听，会说，善读，乐写	积极参与英文剧表演、竞赛、辩论，用目标语言做出精彩发言或展示，具有跨文化交际能力
学习能力	能恰当理解、迁移运用英语知识	校级学业水平测试中成绩位居班级前 5 或进步幅度排名前 5
解决问题能力	勇于质疑，敢于提问，善于解决问题	创造性完成作业，一周内累计 3 次被评为优秀
创新能力	打破思维定式，活学活用，成果显著	参加校级及以上学科活动并获奖或有作品出版发表并公开展示

表 5-4　道德与法治学科学业水平课堂评价

二级指标	观测点	观察细则
学科能力	观看新闻，关注国家发展，树立法治意识	1. 以小组为单位，全员参与课堂新闻播报活动。 2. 能够结合教材内容，使用学科语言分析社会热点，小组评价为 A
学习能力	多角度分析社会热点并规范书写	1. 学习态度端正，发言质量高，两周内有质量的发言不低于 4 次。 2. 课堂辩论 （1）遵守辩论规则，仪态大方、吐字清晰； （2）列举事例能论证论点； （3）使用规范的学科语言进行辩论。 3. 作业质量 （1）字迹书写工整； （2）按时按量书写完整； （3）双色笔完成； （4）认真订正，被评价为 A
解决问题能力	用道德和法治思想解决实际生活问题	阶段性测试成绩优秀或进步显著。 （1）在期中期末考试中达到优秀成绩标准； （2）年级名次进步在 20 名以上
创新能力	扮演新闻角色，积极参加学科活动	荣获区级以上级别奖项

　　注："扮演新闻角色"是指学生通过扮演记者、主播、评论员、制作人、公关人员等和道德与法治课程内容相关的角色，深入了解时事或社会热点，并以此拓宽相关知识面。

表 5-5　历史学科学业水平课堂评价

二级指标	观测点	观察细则
学科能力	1. 具备历史时空观念	1. 掌握最基本的历史纪年方法。 2. 对历史事件能通过制作大事年表和年代尺的方式呈现。 3. 准确识读历史地图（在每周 1 次的制作展示中，连续 3 次获评优秀得一张能量卡）
	2. 具备历史史料实证的能力	对历史史料进行简单的分类、解读（在历史测试中获评 3 次优秀得 1 张能量卡）
学习能力	具备对历史事件的分析概括、对比能力	1. 能对历史史料进行简单的概括。 2. 能对历史事件进行分析、对比
解决问题能力	能够对历史事物进行理性分析和客观评判并寻找历史对现实生活的意义	学科测试、实践活动
创新能力	能够对历史事件进行整合归纳	制作历史思维导图（一学期 2 次表现优秀得 1 张能量卡）

表 5-6　地理学科学业水平课堂评价

二级指标	观测点	观察细则
学科能力	具备获取和解读地理信息的能力	熟练地选择合适的地图，并从地图中提取重要信息
学习能力	1. 具备描述和阐释地理事物的能力。 2. 具备质疑能力和表达地理问题的能力	1. 联系生活实际，运用学科知识分析地理问题。 2. 提出有价值的问题。 3. 参与课堂讨论并上台展示，展示声音洪亮，内容丰富，举止大方得体，得到师生高度认可。 4. 课堂笔记记录完整，字迹工整
解决问题能力	具备调动和运用地理知识的能力	1. 表述规范、准确。 2. 按时上交并认真订正，被评价为 A+。 3. 按时完成过关任务。 4. 在期中期末考试中达到优秀成绩标准或班级进步名次在 10 名及以上
创新能力	具备参与和组织地理活动的能力	1. 地图绘制准确，作业美观，被评价为 A+。 2. 假期创意性作业获得校级展示资格。 3. 参加地理活动荣获校级一等奖或区级及以上荣誉

表 5-7　物理学科学业水平课堂评价

二级指标	观测点	观察细则
学科能力	1. 理解和掌握课标要求的基础知识、基本技能	1. 阶段性测试中成绩优异或进步显著。 2. 作业按时完成且质量高
	2. 了解和掌握物理思想和方法	能说出实验中运用的物理方法，并运用物理方法完成实验设计
学习能力	善于利用学习资源自主学习，完成课后作业	课上认真听讲，积极发言，作业保质保量完成
问题解决能力	能够运用所学实验操作技能进行实验探究，解决实际问题	1. 实验中提出疑问及不同的解决方法，解答并得出正确实验结论。 2. 带领小组展示分享探究结果
创新能力	批判质疑、钻研探究，有独特的解决问题的思路和方法	1. 对教材中的实验进行合理的改进，优化实验操作方案。 2. 制作出有创意的科技小发明并展示

表 5-8　信息技术学科学业水平课堂评价

二级指标	观测点	观察细则
学科能力	获得信息技术学科知识，具有基本的操作技能、一定的科学探究和实践能力，养成科学思维习惯	按时完成学科任务，组织和指导小组学习活动
学习能力	正确使用计算机。学会科学操作的一般方法	1. 操作规范。 2. 操作报告内容翔实
解决问题能力	运用所学的计算机知识分析和解决线上遇到的实际问题	正确使用信息技术概念、原理和规律，解释说明实际生活情境
创新能力	乐于探索信息技术的奥秘，具有实事求是的科学态度、探索精神和创新意识	实际操作活动中能提出独立见解

表 5-9　生物学科学业水平课堂评价

二级指标	观测点	观察细则
学科能力	获得生物学知识，具有实验操作的技能、一定的科学探究和实践能力，养成科学思维的习惯	按时完成学科任务，组织和指导小组学习活动

续表

二级指标	观测点	观察细则
学习能力	能够正确使用实验仪器和用具，学会生物科学探究的一般方法	1. 实验操作规范。 2. 实验报告内容翔实
解决问题能力	能够运用所学的生物学知识分析和解决社会实际问题	正确使用生物学概念、原理和规律，解释说明实际生活情境
创新能力	乐于探索生命的奥秘，具有实事求是的科学态度、探索精神和创新意识	1. 生物小制作科学美观。 2. 生物实践活动中能提出独立见解

表 5-1 至表 5-9 呈现了 Z 中学针对八年级学生在九个学科上的学业水平设计的课堂评价方案。从中可以发现，这些评价指标的制定者对于创造力发展和课堂评价以及它们之间的关系有一定的理解，但是这种理解并不深入、清晰，在一定程度上会致使教师引出课堂评价证据的意识不强、师生收集课堂评价信息的方法不恰当等。

（三）郑州市 Z 中学九年级课堂评价操作分析

Z 中学九年级的课堂评价在理解课堂评价与创造力发展之间的关系上存在与八年级相同的问题。本部分通过呈现该学校的九年级课堂评价操作，发现其优势与不足之处，以便为促进初中生学习与创造力发展提供实践支撑。该学校九年级课堂评价操作秉持"操作简易、特色鲜明、模糊打分、综合考量"的原则，具体原则和操作方法如下。

其一，既注重符合办学特质的整体性的宏观描述，又注重尊重个体特性的微观测评（所使用的评价体系是对学校整体育人目标的描述，在实际操作中，可以增加个性化的单项指标）。

其二，既注重评价体系中单项指标的量化分析，又注重多项指标的综合考量。

其三，既强调班级、年级内部个体间的相互评价，又强调学生自我的客观评价（互评：生生之间、师生之间。自评：学生自主打分。两者分值按一定比例加总）。

其四，既强调阶段性的、活动中的诊断性评价，又强调年级结束时的总结性评价（针对单个活动可以单独打分，便于"诊断"，保存数据；对于整个阶段、年级的情况，在单独打分的基础上完成总体评价）。

其五，既强调基于柱状图的模糊量化评价，又强调基于语言文字的形象描述评价（最终只有评价图，没有评价分；教师、班主任传统的评语仍可以保留，但须依据评价图情况给予描述性评价）。

Z学校在设计九年级课堂评价指标时重点考虑指标的全面性，主要关注指标之间的相对独立性，忽略了课堂评价促进学生学习与创造力发展的主体作用。下面展示该学校为九年级学生设置的评价指标体系和具体观测点（各目标下括号中的是具体观测点）。

一、君子风范（雅志）

目标一：博爱无私。

（爱国、爱校、爱师长、关爱环境、关爱社会、关爱他人，拥有保护环境的强烈观念和服务社会的奉献意识。）

目标二：博大气韵。

（为人大气、处事大度、给予大方，淡泊明志，宁静致远。思想上兼容并蓄、海纳百川，具备开阔视野和国际眼光。）

目标三：衣着雅观。

（节俭朴素、发式规范、穿着自然、坐立行止挺拔昂扬，待人接物热情周到，体现中学生蓬勃向上、意气风发的朝气。）

目标四：出语雅言。

（言辞谦虚、说话得体、表达完整、用语生动，熟练演讲宣传、擅长雅致文章，符合现代社会能言善辩、口才出众的要求。）

目标五：民族精神。

（学风扎实、底蕴厚实、精神充实，"动必有道、语必有理、求必有义、行必有正"，做一个具备深厚中国文化底蕴的世界公民。）

二、博学创新（智育）

目标一：学习态度习惯——勤奋。

（博览群书、博识格物、博学勤奋，学习目标明确、学习动机合理，对于学习新知识有强烈的好奇心、求知欲。）

目标二：学习学业成绩——求实。

（均衡发展、文理相通、扬长避短，正确对待学习的分数结果，注重学习过程中的满足感、成就感。）

目标三：学习思维品质——创新。

（发散思维、聚合思想、逻辑清晰，充满想象力、富含批判力，擅长知识信息的建模创造能力。）

目标四：学术研究能力。

（发现问题、思考现象、追根溯源，能够过滤处理繁杂的信息，进行一定的思辨性批判、创造性探索，进而提出独到的创见。）

三、体育（落实学校精神之"进取"精神）

目标一：挑战自我体能。

目标二：掌握专业技能。

目标三：获取荣誉奖项。

四、美育（落实学校办学理念之"人文引领"）

目标一：入社团。

目标二：得雅趣。

目标三：悟审美。

五、实践能力与社群服务

目标一：日常班级、校园保洁。

目标二：特殊志愿者服务劳动。

目标三：学农、学工社会实践。

目标四：轨道交通、自行车实验室的动手操作。

（落实"实践于行、感动于情、内省于心"的社会实践理念。）

六、自我认知（自我效能、人格健全）

目标一：责任意识。

（动机目标明确，有魄力做决定，能协调组织策划活动，有走进社会、走进中国的行走意识，具备探求精神、改革思想。）

目标二：沟通技巧。

（管理自己、他人的情绪，活动交往中具备积极心态、合理技巧，善于与不同类型的人合作，拥有美好愿景，分享独特想法。）

目标三：思想水平。

（富有忠心、孝心、爱心、关心和信心，培养善良朴实心灵、悲天悯人情怀，倡导和睦、和谐、和平，眼光长远。）

二　存在问题

通过在郑州市 Z 中学的课堂上对郑州市 Z 中学开展的综合素质评价进行观察发现，具有良好评价素养的教师在落实学校评价方案过程中取得了一定的成效和典型经验，但是与此同时一些课堂上依然存在课堂评价被漠视，课堂评价主体引出课堂评价信息的意识淡薄、收集课堂评价信息的方法不恰当、在课堂评价中的交流和反馈能力相对欠缺等问题。

（一）课堂评价被漠视

课堂评价是促进初中生学习与创造力发展的重要抓手，是教师日常教学实践活动的重要组成部分，对改进学生的学习和教师的教学、促进学生创造力发展有着不可替代的地位和作用。大量研究结果表明，如果教师在课堂教学中有目的地实施高效的课堂评价，会对学生的自信心和学业成就产生巨大而深刻的影响，尤其是对那些有学习困难的学生，能够产生更大的促进和激励作用。[1] 课堂评价之所以具有如此大的效用，

---

[1] Finau, C., "Using Classroom Assessment to Improving Teaching", September, 2014, https://www.academia.edu/26236735/Using_Classroom_Assessment_to_Improve_Teaching, 2014-9.

主要是因为其与传统的外部大规模标准化考试相比具有一些独特的优势。首先，及时性强。课堂评价发生在教师日常教学中的每时每刻，因此教师可以将在课堂上收集到的评价信息及时地反馈给学生，以便学生调整下一步的学习计划。同时，教师也可以利用这些评价信息及时地改进教学安排。然而外部的大规模标准化考试通常在学期或学年末进行，对学生评价信息的反馈具有滞后性，常常会贻误改进学生学习的最好时机。其次，灵活性高。课堂评价包括多种评价方式，如表现性评价、真实性评价、过程性评价等。由于这些评价方式是非正式的，对评价信息的信度和效度的要求、对评价时间和场所的规定不如外部标准化考试那么严格，所以在实施上更具有弹性和灵活性。最后，情境化特征突出。大部分课堂评价，如真实性评价通过为学生创设问题解决的真实情境，设计与现实生活密切相关的真实的或近似真实的学习任务，评价学生的问题解决能力和高级思维能力。然而以纸笔测验的形式存在的外部的标准化考试，其测验的内容往往都是脱离生活情境、与现实生活相距甚远的事实性知识。这种关于事实、概念和观点等事实性知识的测验，只能在一定程度上检测出学生对知识的掌握情况和推理能力，并不能有效地检测学生对知识的实际运用能力和创造能力。标准化考试去情境化也导致学生在测验中获得的成就对未来生活并没有多少实际意义。

在整个评价系统中应该赋予课堂评价应有的地位，如果课堂评价的地位没有得到确立，也就丧失了最有效的促进学生学习与发展的途径和方式。美国评价专家斯蒂金斯通过对美国高利害标准化考试的反思，结合自己多年开展课堂评价实践研究的经验一针见血地指出："如果评价不能在课堂层面有效地运行，其他层面的任何评价都是浪费时间和金钱。"①

课堂评价在学校教育中长期在一定程度上遭到漠视，特有的功能和真正的价值没有得到发挥，首先导致了评价系统的失衡。在一个评价系统中，有教育政策制定者、学校管理者、教师和学生等不同的评价主

① 转引自崔允漷《促进学习：学业评价的新范式》，《教育科学研究》2010 年第 3 期，第 11~15、20 页。

体，他们对评价信息有不同的需求，如在课堂层面，教师需要利用评价信息去判断自己的教学是否有效，学生需要利用评价信息去评估自己在哪些方面取得进步，哪些方面还有待改进；在学区层面，教育管理者需要利用一些评价信息去判断学生是否达到了课程标准的要求；等等。为此，收集的评价信息必须能够满足不同层面信息使用者的需求。然而，实际上每种评价方式都有特定的功能和自身的局限，并不能给所有层面的使用者提供其需要的信息，这要求我们必须在内部课堂评价和外部总结性评价之间取得平衡，并使每种评价方式都可以对评价系统做出贡献，能够满足不同层面使用者的信息需求。不仅如此，还必须保持课堂评价和外部总结性评价信息的双向沟通和流动，让在课堂评价中产生的信息流向评价系统，以帮助教育管理者制定正确的教育决策，同时让外部总结性评价产生的信息流向课堂层面教师和学生的手中，以便于他们调整教学和改进学习。[1]

课堂评价在整个评价体系设计中被置于评价系统的末端，使得目前往往以外部的考试结果来规划课堂评价的过程，信息单方面地从外部的考试流向课堂层面。具有良好评价素养的教师，比如郑州市 Z 中学的 Z 教师和 F 教师在一定程度上可以较好地开展课堂评价，促进初中生的学习与创造力发展，但是对于一般教师而言，难以有效发挥课堂评价育人作用，这主要是由于受到固有评价理念、教师评价素养有限等的限制。教师的评价素养是指教师从事评价活动所必备的素质，包括所必备的评价态度、评价知识和评价能力。在日常的教学实践中，具体表现在制定评价目标、设计评价任务、收集评价信息、解释评价信息及处理评价信息等方面。[2]

（二）课堂评价主体引出课堂评价信息的意识淡薄

案例分析发现，教师在进行课堂评价时，有时无法及时确定能够对学生的哪些表现进行评价，也就很难基于学生在课堂上的表现进行评

---

[1] Popham，W.，"Why Assessment Illiteracy Is Professional Suicide?"，*Educational Leadership* 62（1），2004：82-83.
[2] 郑东辉：《教师评价素养发展研究》，博士学位论文，华东师范大学，2009，第 27 页。

价。课堂评价是基于证据做出促进学生学习与发展的决策的一个过程，引出课堂评价信息的意识、收集和利用评价信息的能力是能否通过课堂评价促进学生学习与发展的关键。学生学习证据信息作为学生学习情况的表现形式，能反映学生的学习水平。在课堂评价过程中，教师需要通过课堂观察、提问、对话、展示及书面作业等多种有效形式引出学生学习与发展的证据。教师必须从不同的视角检验这些证据信息是否正确地反映了学生认知中的前概念、错误的概念以及技能和知识。

在日常的教学中，有时教师是在每天的课堂中引出并评价学生学习证据信息，有时则是在课后引出及评价学习证据信息；在多数情况下，他们还需要根据这些证据信息推断学生当前的学习水平与要达到的教学目标之间的差距，判断学生的理解程度和技能水平，以此为基础调整教学，促进学生的发展。[①] 在促进学生学习与发展的课堂评价框架下，教师是否具备运用各种有效的评价工具、设计质量优良的评价任务、选择恰当的评价方式引出学习证据信息的意识和能力，直接决定着评价质量的高低。但审视教师的课堂教学实践发现，在传统的教育评价理念的长期影响下，教师往往根据自己在教学中形成的习惯和经验进行课堂评价，这种习惯和经验往往建立在教师学科知识和学科教学知识的基础上，是长期积累的结果，多数处于自发状态和无意识的水平。

此外，受传统教学观念的影响，教师在课堂教学中关注教，不关注学；关注课的预设，不关注课的生成。具体而言，教师多关注本节课的教学任务是否能在规定的时间内完成、教学的流程是否顺畅、教学环节是否完整，基本上很少去关注通过何种方式、在哪些教学环节、在什么时候去检查学生学习的进度。[②] 在郑州市 Z 中学，具有良好评价素养的教师基本可以较好地做到通过课堂评价促进初中生学习与创造力发展，但是还有部分老师（老教师和新手教师）缺乏引出学习证据信息的意

---

① Heritage, M., Kim, J., Vendlinski, T., Herman, J., "From Evidence to Action: A Seamless Process in Formative Assessment?", *Educational Measuement: Issues and Practice* 28 (3), 2009: 23-31.

② 杨向东：《谈课堂评价的地位与重建》，《全球教育展望》2009 年第 9 期，第 42~46 页。

识，或者引出学习证据信息的意识模糊不清，其所带来的直接影响就是不能选择正确的评价方法、设计正确的评价任务以为收集准确可靠的学习证据信息做好准备。

（三）课堂评价主体收集课堂评价信息的方法不恰当

评价中可以获得准确可靠的课堂评价信息，也可能获得错误失真的课堂评价信息。要想根据学生学习与发展的结果判定学生的学习情况，必须基于准确、可靠的课堂评价信息。课堂评价信息存在错误可能导致扭曲评价结果，误导对学生学习与发展水平的判定，进而无法针对学生的学业表现对教学手段做出有效的调整与改进，最终错过促进学生学习与发展的最佳时机。因此，收集准确可靠的课堂评价信息是正确判定学生学习状况与给出准确的课堂评价的前提和基础。但如何收集准确可靠的课堂评价信息呢？选择正确恰当的收集课堂评价信息的方法是关键。

首先，我们必须清楚地了解课堂中的课堂评价信息可以被用于不同的目的和不同的群体。由于不同的目的和不同的群体对信息类型的要求不同，所以收集课堂评价信息的方法也各有不同。

其次，我们必须清楚地知道每种评价方法都有其自身的优势和限制，没有一种评价方法可以集所有评价方法的优点于一身，满足多种需要。如纸笔测验较适合考查学生的知识记忆与理解情况，不适合考查学生的动手操作能力、表现能力、创造产品的能力，而表现性评价却正好与之相反。

因此，评价目的、评价目标、评价内容以及评价主体不同，所使用的评价方法亦不同。通过对郑州市 Z 中学的课堂观察发现，很多教师收集课堂评价信息的方法不太恰当，导致收集的信息不准确，不能用来对学生的学习情况做出正确的判断，从而不利于学生利用信息改进和调整自身的学习。

（四）课堂评价主体在课堂评价中的交流与反馈能力相对欠缺

教学过程是一个信息传输过程，教师在课堂教学中的活动，大多与教师和学生的反馈相关。在课堂评价实践中，反馈对学生学习与发展的重要性不言而喻，在某种程度上决定着学习与发展的成败。尽管许多研究已证实了反馈对学生学习与发展的重要意义，但在教师的课堂评价中，有效的反馈形式还是很少，正如佩伦诺德（Perrenoud）所言，课堂中的有些反馈像许多瓶子扔进了大海，没有一个人能确定它们包含的信息将来有一天能找到一个接收者。[①] 萨德勒（Sadler）也有类似的观点：即便教师为学生作品的质量提供了可靠正确的判断和反馈，进步也不一定接踵而至，学生反而很少表现出成长和发展。[②] 在郑州市 Z 中学，很多教师也坦言，他们都普遍存在这样一种挫败感，即花费几小时用心良苦为学生的课堂作业写细致的评语，却发现学生无动于衷，并未利用教师的反馈调整后续的学习行为。反馈如此重要却如此低效的原因究竟何在？教师缺乏有效的反馈与交流技术是关键。

通过调查发现当前教师评价信息的反馈一般存在以下几种问题。首先，评价者缺乏反馈的意识，没能意识到反馈对学生的学习及自己后续的教学产生的作用与影响。在课堂中表现为当学生出现了某种学习行为之后，部分教师没有抓住恰当的反馈时机对学生进行适时的反馈。其次，教师虽然具有反馈的意识，但缺少正确有效的反馈方法。这表现为课堂教学过程中口头反馈的质量较低。部分教师并没有理解口头反馈与学生学习和发展的关系，且不能确定以下内容：口头反馈的目的是判断还是改进，性质是描述性的还是判断性的；口头反馈在时机的选择上是即时性的还是延时性的，反馈范围是面向全体还是面向个体；在同伴反馈和自我反馈中，哪些反馈形式最有效，最能促进学生的学习与发展。笔者通过多次对郑州市 Z 中学的课堂观察发现，由于教学内容偏多，部分教师缺少关于应如何对教学内容进行取舍的专业判断，为了追赶教学

① Perrenoud, P., "Formative Evaluation to a Controlled Regulation of Learning Process. Towards a Wider Conceptual Field", *Assessment in Education: Principles, Policy & Practice* 5 (1), 1998: 86.

② Sadler, D., "Formative Assessment and the Design of Instructional Systems", *Instruction Science* 18 (2), 1989: 119.

进度，目前他们的很多反馈都是低效的，没能抓住最好的契机针对学生进行解释、追问、学习成果巩固和强化，并且反馈的内容模糊不清，对学生的表现大多是简单、机械地判断对错，而关于对在哪里、错在何处、如何改善等的详细的反馈信息很少甚至没有。再次，在学生课堂作业评价中，缺少有效的反馈与交流。教师花费了大量的时间和精力去批改和评价学生的作业，但收效甚微。学生在作业评价中关注的是得了多少分、评定的等级，很少关注自己错在哪里，如何制订学习计划、做出改进。这种现象出现在绝大部分情况下是因为教师在批改作业时只是给予学生一个分数和等级，或者千篇一律地写出泛泛的评语，如有教师将学生的作业评语固定为："书写认真，条理清楚，字体工整，完成及时。"这些评价只见整体不见个人，只见结果不见过程，不能根据每个学生学习情况给予针对性的建议，也不能促使学生正确定位自己的学习状况而寻求发展空间。[①] 这样的评价无法激发学生的学习动力，也不能支持学生的下一步学习。师生间在课堂上缺乏围绕作业情况进行的有效交流，学生过多关注成绩，不能提出自己的困惑、想法和寻求教师的帮助。最后，部分教师缺乏有效报告及交流评价结果的方法和技术。部分教师不知道向谁反馈评价结果、什么时候反馈、以什么形式反馈。同时，在课堂观察中发现，教师评价素养最好的方面是对评价结果的管理、评定和解释，最差的方面是评价结果的交流。

目前郑州市 Z 中学学业信息的报告与交流渠道有学生成长手册、学习报告单、家校联系单和家长会等。但是报告内容除了等级和分数外，没有包括进步、提高、努力、态度等因素，不能全面、准确地反映学生的学业情况。一项调查研究结果也证实，考试的结果主要用于为学生排名定等级，评选出优劣，而不是用于找到学生当前学习情况与目标或期望的差距，并提供改善学习、消除差距的建议，因此考试变成了赋予分值与名次的竞技场。[②] 以上情况的出现均反映出部分教师对课堂评价在

① 钟启泉：《课堂评价的挑战》，《全球教育展望》2012 年第 1 期，第 10~16 页。
② 王少非：《课堂需要什么样的评价》，《当代教育科学》2015 年第 18 期，第 17~21 页。

教育评价改革中的地位认识不清，即部分教师不清楚如何将课堂评价应用于促进学生学习与创造力发展。

三　归因分析

郑州市 Z 中学开展的学生综合素质评价取得了显著成效，但是我们也清晰地发现教师与教师之间对课堂评价改革的认识深入程度不一样，这不仅会阻碍综合素质评价活动的有效推进，还会影响到每位学生的高质量学习和创造力发展。本部分针对郑州市 Z 中学具有良好评价素养的教师的典型做法，结合在郑州市 Z 中学的课堂观察，提出一些关于改进课堂评价以促进初中生学习与创造力发展的建议。

（一）高利害选拔性考试的影响

考试"指挥棒"是制约课堂评价的一个深层次因素。考试本身并没有好坏之分。一旦考试与学生的升学、毕业等高利害决策挂钩，其必然成为一种高利害的存在。当考试具有高利害关系时，教师在日常课堂教学中往往被鼓励去追求更高的分数，最后出现"为考而教""为考而评"的情况。尽管在课堂观察中教师们一致认可综合素质评价在整个教育教学中的作用，也明白综合素质评价是日常教学不可分割的一部分，在观念上认识到每一个学生都应该得到尊重、公平对待，每一种素质都应该得到重视，但是在现实中，基于考试结果形成的问责制仍然控制着教师的身心自由。[1]

高利害选拔性考试对于教师最直接的影响在于考试结果支配甚至决定着教师的工资绩效、福利待遇、职称晋升等。因而在学校实践中，教师依旧会倾向于将更多关注留给班级里的成绩"佼佼者"，仍然注重学生的学业水平发展状况，忽视学生综合素质的和谐发展，这样也就限制

---

[1]　刘辉：《追求卓越的课堂评价之路——论指向促进学习的课堂评价》，《当代教育科学》2009 年第 24 期，第 25~28 页。

了学生的创造力发展。而且，使综合素质评价与中考共同构成考试招生录取机制，会让部分学校和教师认为综合素质评价的目的仍然是筛选和选拔出高等人才。因而，人们潜意识中对综合素质评价的定位还是一种"考试"，且教育行政部门、学校仍以学生的考试结果来筛选和评比各类"教学骨干""教学能手"，面对纷繁复杂的学业测评项目，教师的无助与焦虑不断加深。笔者在课堂观察中了解到，教师面临的应试压力依然较大，使教师疲于应付各种考试而无法兼顾学生全面素质发展，导致课堂评价在促进学生学习与创造力发展方面受限。

（二）教师自身的阻力影响

教师自身的阻力影响主要表现在两方面。一方面是教师自身的有限发展。部分教师已经习惯于甚至崇尚标准化纸笔测验，即通过测验结果客观呈现学生的目标达成情况以及确认学生的最近发展区。当标准化测验不再是唯一评价方式或者不再对学生进行鉴别、分类与排名时，教师对于如何实现"让每一个学生都体验成功"的目标往往没有概念，在观察、分析、指导学生学习与发展时往往无所适从。[①] 比如，在课堂上给出即时评语时，教师更倾向于而且更擅长用比较笼统、概括性的描述，如"很好""继续努力"；在撰写课堂作业评语时，如果评价某一个学生乐于助人的优良品质，则并不会具体介绍他/她到底是怎么帮助他人的。这种笼统的评语缺乏评价育人的价值和意义，更难以发挥评语促进学生学习与创造力发展的作用。除此之外，中国传统儒家人伦思想把教师提升到与天地君亲同等的地位。时至今日，教师与学生的关系仍然是非对等性的，教师很自然地扮演着主导学生的角色，采取较为强制性的方式抑制学生的身心自由，一旦学生出现过错或问题，便予以严厉压制、漠视，甚至放弃学生。[②] 这与综合素质评价所倡导的师生平等、和谐友爱的观念截然相反，是师生关系最为尴尬的状态。

---

① 〔美〕Peter W. Airasian：《课堂评估：理论与实践》（第四版），徐士强等译，华东师范大学出版社，2008。
② 覃兵：《课堂评价策略》，北京师范大学出版社，2010，第5页。

　　另一方面是教师自身的被动发展。综合素质评价在一定程度上要求教师结合过往教育教学活动开展评价，而不是另起炉灶。但是实际的评价过程往往没有很好地结合过往的教育教学活动，需要教师投入更多的时间和精力。郑州市 Z 中学的 G 教师坦言道：教师除了日常教育教学工作，还要忙于各种教研活动、教学技能竞赛、职称评定申请、教学培训等任务；此外，随着教师评价任务的增加、工作量的加大，教师的奖励机制并没有发生变化，即教师的劳动没有获得相应的回报，这种利益分配失衡容易造成教师内心对综合素质评价工作的排斥，更别说将课堂评价融入教学之中了。在这种心态的影响下，教师虽然表面上十分认同综合素质评价活动，但是在内心深处抵触它、对它感到无奈，从而造成实施评价的积极性不高，导致综合素质评价的相关工作难以落到实处。除此之外，新的教育评价观与传统考试文化的冲突也让教师精神倦怠，产生无助感，人们对教育的期待日益提高，教育评价专家呼吁采用"重过程，轻量化"的评价方式，现有制度却变相地以"重结果、重量化"的标准问责于教师。

（三）　教师评价素养的理论与实践相脱节

　　教师的评价素养是教育评价中相对较新的研究领域，虽然国内外的教育机构和研究者积累了一些研究成果，但从总体上来看，教师评价素养的理论研究与实践存在脱节的现象。综观已有研究，关于教师评价素养的理论研究较多，实践研究较少。

　　回顾郑州市 Z 中学实施学生综合素质评价的过程，部分教师的评价素养缺乏相关的理论支撑，教师无法获得专业的理论支持，造成在评价实践中评价素养薄弱的局面。在内容框架上，国外的一些教育机构和学者往往把学生的学业成就当作教师评价的主要内容，其构建的评价素养标准也过多地侧重于评价能力方面，而从仅注重学生的学业成绩转向兼顾非智力因素的评价，已经成为新趋向。[1] 因此，把教师的评价素养局

---

[1]　沈玉顺编著《课堂评价》，北京师范大学出版社，2006，第 1 页。

限在学生的学业评价范畴内，是不符合当前教育评价改革趋势的。在对提升评价素养的策略的研究上，虽然研究者提出教师评价素养的培养与提升需要职前、在职、外部的制度安排与评价培训等支持，但是在对郑州市 Z 中学的研究中发现，现实中存在的策略往往是一种外在的支持，有关教师的自主性发展的策略的探讨明显不足，也少有人从教师评价素养的实际情况出发探寻评价素养的提升路径。在具体的评价实践中，教师自身评价素养的提高需要教师个体的主动参与[①]，即基于综合素质评价活动的原则指导学生，促进学生创造力发展。

在课堂观察中也了解到，教师缺少对其在综合素质评价背景下通过课堂评价促进学生学习与创造力发展的专业性支持。比如，教师对综合素质评价的政策解读，大多是表层的文字理解或经验总结，重在对"如何做"的理想化状态的描述，对于学校制定的综合素质评价的观测点，教师不能够很好地把握运用。此外，我国职前教师教育培养方案、教师资格认证制度和在职教师培训等对教师的评价素养都没有提出明确的要求，没有要求那些即将成为教师的学生必须完成关于教育测量或评价方面的课程。尽管一些在职教师修习过评价或测量方面的课程，但往往是教师个人独自在摸索如何实施评价，没有专业性支持，遇到的困难或问题得不到合理、及时的解决。

（四）学校缺乏评价技能的相关培训

即时课堂评价的好坏不仅仅受教师自身内在因素的影响，还受到学校方面的影响，学校对于课堂即时评价的关注度影响教师对其的关注程度。即使教师自身有改进即时评价的意识，若缺乏上层政策的设计、没有学校层面提供的技能培训的帮助，教师也较难科学地对即时评价进行改进。

通过与郑州市 Z 中学的一线教师的交流发现，学校较少对教师的课

---

① 杨向东、崔允漷主编《课堂评价：促进学生的学习和发展》，华东师范大学出版社，2012，第92页。

堂即时评价给予专门的指导，更多的是在教学方面、德育方面为教师提供培训机会，关于具体的课堂即时评价方法的培训几乎未有过，学校也较少能够提供课堂即时评价方面的学习资源。在与老教师的交流当中，一位老教师说曾经自己对于该如何对学生的回答进行评价感到很疑惑，自己观摩名师名课时，仔细观察、学习过他们的评价语言，但是发现很难模仿那些名家的语言艺术，所以最终也就不了了之。从交流之中，不难体会到这位老教师的无奈。很多一线教师有提高自身评价水平的积极想法，但学习正确的评价方法存在一定的难度。通过视频资料学习名师的课堂教学，确实是普通教师提升教学技能的一大途径，但教师自身在互联网上寻找到的学习资源远远没有学校组织的专业人士的培训来得科学、系统。如果学校能够多给予教师针对评价方法的培训机会，相信一线教师也会乐于参与，乐于改善评价方法。

此外，学校忽视了对教师评价能力的考查。学校往往设计各种各样的评价任务、建立各式各样的评价标准来评定学生的学习状况，而对于教师的考核则建立于对学生的评价状况之上，在一定程度上忽视了对教师的即时评价能力的具体考查。教师即时评价能力的提升不仅仅需要教师自我寻求发展，还需要学校层面总体规划设计的激励。而通过与教师交流发现，学校不太关注对教师课堂评价能力的具体考查，一线教师自身想寻求评价能力的发展比较困难。学校层面建立考核机制意味着会有合理的即时评价标准，教师是否进行了合理的即时评价都有衡量的具体依据和原则。在这样的标准之下，教师的评价能力的发展便有了指导纲领。而现实的学校当中并未出现这样的指导纲领，对于教师评价能力的考查的缺乏也致使教师难以寻找到突破的方法和途径。

概而言之，教师的课堂评价存在问题的原因不仅仅是教师自身存在一定局限性，学校的关注度低、未提供充足的教师专门培训以及评价考核制度的不完善等也是造成课堂即时评价状况不佳的因素。

第六章　促进初中生创造力发展的课堂评价框架模型

教育评价事关教育发展方向，是教育改革的核心环节。课堂评价是教育评价改革中的重要一环，更是学生高质量学习与创造力发展的关键路径所在。《国家中长期教育改革和发展规划纲要（2010—2020年）》明确提出要注重培养学生的创新精神和实践能力。《国家教育事业发展"十三五"规划》也强调，要"加强对学生科学素质、信息素养和创新能力的培养"。梳理关于创造力和课堂评价的已有研究成果可以发现，目前鲜有关于如何通过课堂评价有效促进初中生创造力发展的研究，笔者通过理论探索和实践调查，尝试构建能够有效促进初中生创造力发展的课堂评价的框架模型。

一　框架模型构建的必要条件

对促进初中生创造力发展的课堂评价框架模型进行构建，首先要对促进初中生创造力发展的课堂评价系统本身予以剖析，其次要对框架模型与课堂评价的适切性进行合理分析。如今课堂评价受到的关注越来越多，许多具有教学关怀的心理测量学专家如布鲁克哈特（Brookhart）、波帕姆（Popham）等开始将课堂评价与大规模评价区分开来，将课堂评价视为一个独立的研究领域。课堂评价研究发展历程较短，但已出现一些专门指向课堂评价的分析框架，尽管其具体的名称各不相同。本书试图在已有的课堂评价的分析框架基础上构建一个促进初中生创造力发展的课堂评价框架模型。

（一）促进初中生创造力发展的课堂评价作为一个真实系统

如何促进初中生的创造力发展这一问题，从字面意义上貌似通俗易懂，但是如果深入追问什么是"促进初中生创造力发展"，人们在各自的知识观和学习观的影响下，就可能会产生多种不同的解释。从目前掌握的创造力文献资料来看，诸多学者从不同的研究视角对创造力进行了概念界定。对初中生创造力的定义一般被包含在创造力的总体定义里阐述，并没有针对学生所处不同学段或者成人工作不同阶段做出不同的界定，这也足以说明创造力与学生创造力在本质上是一致的，不论是在初中生时代还是成人后工作时，皆是一种综合创造能力。但是纵观人的一生，初中阶段又是培养创造力的关键期，结合本书研究实际，需要对初中生创造力有一个较为清晰的理解和认识，在对创造力已有认识的基础上，初中生创造力是指作为促进学习与发展活动的一种综合能力系统存在于现实课堂中的，主要涉及新旧知识运用、思维与方法的协同发力等的，将知识重构并内化形成新颖而又独特的观点的综合能力。

部分学者认为，传统的课堂评价是指对教师的课堂教学进行价值判断的活动，具体包括对教师教学过程、板书、师生互动状况、教学方法的评价和建议等。在此，课堂评价是对教师评价的一部分，评价的对象是教师，评价的主体主要是学校的行政领导或教研人员，评价的目的主要是对教师教学效果做出价值判断。课堂评价中存在诸多变量，而且变量之间还存在非常显著的相互作用，当我们分析促进学生创造力发展的课堂评价时，不仅需要关注其中存在的变量，更需要关注变量之间的相互关系和相互作用。

长期以来，课堂评价没有成为教育测量学的研究对象，它更多从属于教学研究领域，而教学研究领域又将课堂评价等同于教育测量学中的评价。因此，对课堂评价的分析经常借鉴心理测量学范式的教育评价理论。从评价理由角度来看，开展促进初中生创造力发展的评价的理由是提升学业成就水平以帮助学生更好地完成学习目标并持续发展，但是关于学习的评价是记录每个学生的成就以及知识掌握情况，出于报告结果的目的在某一时间段测量成就水平，目的是问责；从观众角度看，促进初中生创造力发展的评价的观众是学生自己，但是关于学习的评价的观众是其他与学生相关的人；从评价重点角度看，促进初中生创造力发展评价的重点是由教师选择的具体成就目标，这些目标是关于学生学习与发展情况的，而关于学习的评价的重点放在学校、教师和学生要努力达到的成就标准上。

促进初中生创造力发展的课堂评价既关注学习目标也关注学习与发展过程，其内容日益丰富。在这个过程中，教师为学生提供各种反馈信息，并基于学生的反应调整教学策略，同时学生也要承担评价的责任，学会管理、运用自己的评价信息，并为创造性学习目标的达成提供不同的评价证据信息。总之，在促进初中生创造力发展的课堂评价框架模型中，评价以促进学生的学习与发展、改进教师的课堂教学方法为目的，有机地融合在课堂教学设计的整个流程中。

促进初中生创造力发展的课堂评价框架模型以评价目标为中心，教师和学生收集评价信息，分析与诠释相关信息，然后给予教学和学习有效的评价反馈并对其进行一定的调节，周而复始不停循环，从而不断地促进教师教学的改进、学生学习的改善和创造力的发展（见图6-1）。同时，由于收集评价信息、分析与诠释相关信息和给予有效评价反馈与调节这三个要素在实际的课堂运作过程中会进一步修正、调整评价目标，因此，框架模型中它们与"明确评价目标"之间的箭头是双向的。这四个核心要素之间的关系，以及其在评价系统中体现出的结构安排，体现出促进初中生创造力发展的课堂评价框架符合一般的课堂评价规律。

（二）框架模型结构与课堂评价的适切性

从一般意义上说，如果我们想要深入地认识和把握某一系统的本质

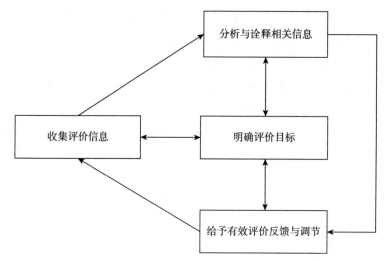

图 6-1　促进初中生创造力发展的课堂评价框架模型

和规律，就需要为系统建立模型。① 因此，本部分主要介绍框架模型构建的方法即系统理论中系统建模的含义、原则和步骤。

　　任何一种评价模式都是对如何挑选出评价对象及处理评价中所遭遇问题的一种理想化或框架化的看法，是评价者用来概念化及描述评价过程与方法的总结、缩影或摘要。它蕴含着一定的思想取向和结构，并表现为一定的操作规则和方法、步骤。② 促进学生创造力发展的课堂评价模式融合了不同研究者对其理念、方法、原则、程序的理解，是在长期实践经验积累的基础上对课堂评价中各种要素进行提炼和概括，并按照一定的逻辑结构将其系统化、整体化展示的产物。

　　促进初中生创造力发展的课堂评价模式包括四个核心要素，即明确评价目标、收集评价信息、分析与诠释相关信息和给予有效评价反馈与调节。

　　在系统论中，模型是指对真实系统（原型）的模拟、概括或抽象，换言之，"是对相应的真实对象和真实系统及其关联中那些有用的和令

---

① 赵士果：《促进学习的课堂评价研究》，博士学位论文，华东师范大学，2013。
② 许国志主编《系统科学》，上海科技教育出版社，2000，第 37 页。

人感兴趣的特性的抽象，是对真实系统中某些本质方面的描述"①。系统建模是依据对系统的内部结构和外部环境的分析，按照系统的目标要求，用一种数学或逻辑上的表达式，从整体上反映系统的主要组成部分和各部分的相互作用、系统和环境的相互关系的模拟手段。②

此外，在进行框架模型构建时，要把握好以下几个原则。

（1）相似性

框架模型的构建，是为了认识和把握真实系统（原型）的本质属性和内在规律。所以，只有在构建模型时，使模型和原型尽可能相似，模型能够描述和反映真实系统的本质特性的可能性才够大，最终才能够较为精确地反映系统的客观实际情况。如果模型和真实系统之间不具有相似性，则通过建构模型研究出来的规律就不能还原到真实的原型中去，所建构的模型就会丧失意义。但是要注意的是，这并不意味着模型要全盘复制原型，而是应进行一定的简化。

（2）简洁性

模型是对真实系统（原型）的简化、抽象和概括。③ 这就要求在构建框架模型结构过程中，尽量削减、压缩无关紧要的信息，以保证模型简单明了。模型应该只包括反映原型本质特征的关键信息。此外，由于系统模型中包括许多分系统、子系统模型，除了研究需要的部分之外，这些分系统、子系统的相互耦合要尽量减少，保证结构的精简。

（3）精确性

在构建框架模型结构时，应确保建立模型所依据的信息的真实性、精确性和可靠性，同时还应注意，不同的系统模型对信息精确程度的要求并不一样。如果研究的问题不同，即使在同一个系统中展开研究，对信息精确程度的要求也会不尽相同。这就是为什么框架模型在建构过程中，需要考虑对信息精确程度的要求。

---

① 王杏林、曹晓东：《概念建模》，国防工业出版社，2007，第3页。
② 邹珊刚等编著《系统科学》，上海人民出版社，1987，第268~269页。
③ 赵士果：《促进学习的课堂评价研究》，博士学位论文，华东师范大学，2013。

二 框架模型构建的逻辑基础

不同的促进学生学习与创造力发展的课堂评价要素理论在要素具体名称和数量上略有不同，如考伊（Cowie）的评价目的、收集证据、解释证据、采取行动四要素，斯蒂金斯的评价目的、学习目标、评价设计（收集证据）、评价结果交流（解释证据和反馈）、学生的参与五要素，赫里蒂奇（Heritage）的学习进程、学习目标、成功的标准、引出学习证据、解释学习证据、发现差距、反馈、教学调整、搭建支架、缩小差距十要素，但我们发现其反映出的课堂评价框架模型构建逻辑基础是基本一致的。

（一）评价目标

为了促进学生学习与创造力发展，首先就要明确评价目标。评价目标是期望学生在学习结束之后能达到的行为标准、期望学生体现出的创造性素养和能力。评价目标对于师生都有重要意义。教师必须有清晰的评价目标，即关于学生学习结果的清晰的愿景。换言之，教师要清楚地认识到评价要收集的就是学生达成预定目标的状况，要用预定的目标作为衡量学生学习状况的标准，否则自己的教学和评价将会失去方向，教学效果将会不好。对学生而言，评价目标能够为他们的学习指引前进的方向，能够为他们提供自我评价的依据，从而让他们把握自己的学习进度。实际上，如果我们从促进学生学习与创造力发展的课堂评价的研究的角度来看，所谓促进学生学习与创造力发展，"实际上意味着学生在达到预定目标的过程中的进步。没有目标作为参照，学生的学习是否得到促进就缺少判断的依据；没有与目标的比较，任何评价结果都会失去意义"①。

---

① 崔允漷：《促进学习：学业评价的新范式》，《教育科学研究》2010年第3期，第11~15、20页。

学生的目标定向并非天生的，而是后天习得的，其接受的评价就是影响目标定向的一个关键因素。当评价主要指向学生之间的相互比较，或者主要涉及对个人的判断时，学生就倾向于确立表现目标，更关注自己及在群体中的地位；若评价主要指向提供关于任务完成情况的信息，那么学生更可能确立学习目标，更可能关注任务完成或掌握本身。这种评价目标定向对学习有巨大的影响，如其会影响学生对自己学习的控制。鼓励确立表现目标定向的评价本身就是一种控制，会让学生将对自己学习的控制权转移给他人，从而丧失对自己学习的管理意识和创新能力。

考伊和贝尔（Bell）也指明确定评价目标时应该关注学生课程标准中规定的内容，关注更为宽泛的学习目标，从而使评价目标更好地符合课程标准中"关注个体性的人""关注全面性的人"的理念和要求。[1]鉴于以上分析，评价目标应是促进初中生创造力发展的课堂评价的起点和基础，也是促进初中生创造力发展的课堂评价的最基本和重要的要素。

（二）收集信息

收集信息，首先涉及收集什么样的信息的问题。对于初中生创造力发展而言，我们要收集的是创造性学习信息。在现代科学中，信息（information）是指事物发出的消息、指令、数据、符号等所包含的内容。课堂活动是涉及诸多主体的复杂活动，会产生诸多信息，有些与学习直接相关，有些则与学习没有直接的关联；有些与当前的学习相关，有些则可能与当前的学习没有直接的关联。课堂评价如果要求促进初中生创造力的发展，就得收集对学生创造力改善有意义的信息，即与当前学习相关的信息。确切地说，促进初中生创造力发展的课堂评价要收集的就是与当前的创造性学习目标相关的信息：学生是否达到了预定的学习目

---

[1] Cowie, B., Bell, B., "A Model of Formative Assessment in Science Education", *Assessment in Education* 6 (1), 1999: 108.

标；如果没有，与学习目标之间的差距有多大。换言之，促进初中生创造力发展的课堂评价所要收集的乃是关于特定的学习是否发生以及发生程度如何的证据。

课堂评价是基于证据信息做出教学决策的一个过程。因此，准确、可靠、全面地收集学习证据信息是促进初中生创造力发展的课堂评价必不可少的要素。促进初中生创造力发展的课堂评价需要正确有效地运用关于学生学习的信息，并通过选择正确的评价方法、设计高质量的评价任务、恰当地取样和避免偏见等途径保证获取正确可靠的评价信息。考伊和贝尔也强调要在课前、课中、课后三个阶段收集学习证据信息，并将学习证据信息反馈给学生，调整教与学。教学正在进行时，教师应使用不同的策略引出学生正向目标前进的学习证据信息，然后对其进行分析与诠释，发现学生当前水平与目标的差距，提供给学生反馈信息，随后调整教与学。由此，在促进初中生创造力发展的课堂评价中，收集信息可谓其重要的环节之一。

（三）分析与诠释

收集信息的目的之一就是通过分析来解释这些学习信息背后的含义，从而推动促进初中生创造力发展。分析与诠释是指对收集到的学习证据信息依据某一参照标准，如常模参照、标准参照或自我参照，进行分析、研究与解释，分析学生在哪些方面达到了预定学习目标，哪些方面还有待完善和改进的过程。分析与诠释信息是教师正确做出教学决策的依据，没有对信息的正确解释，教师的教学决策就会丧失坚实的理论基础，使教学过程出现偏差，阻碍学生创造力的发展。

对于教师而言，现在其已经拥有了获取多方面信息的渠道和机会，而且也一定能够获得关于学生创造性学习的多方面信息。关键在于，教师需要认识到那些从日常的非正式渠道获得的信息的价值，学会用多方面的信息相互印证，以准确地了解学生学习与发展的准确情况，为后续的教学活动以及对学生的学习指导提供可靠的信息基础。

需要指出的是，教学过程中产生的信息极为丰富——课堂中有学生群体，师生之间以及生生之间会进行非常频繁的互动，课堂情境会随时发生变化。对于教师而言，没有专门的时间用以收集信息，要收集所有这些信息并有效地加以记录，在实际上并不完全可能。但良好的教学需要基于教师对信息的充分掌握的及时决策。这就需要教师在信息的充分性与决策的及时性之间做好平衡。这既依赖于教师的经验，也依赖于教师运用的信息收集和处理技术。因此，分析与诠释信息也是促进初中生创造力发展的课堂评价的不可或缺的环节。

（四）反馈与调节

"评价的核心在于反馈，而不在于证明。"[①] 评价之所以能促进发展，其根本原因或者关键在于基于评价信息的反馈与调节。评价的发展性价值最终是通过反馈来实现的。如果没有反馈和调节，评价对于内部性的主体——教师和学生而言就没有丝毫的价值和意义，即没有反馈和调节的评价必然是无益于教学和学习的。

课堂评价旨在促进学生学习与创造力发展，其目的并不能仅借助收集学生学习信息来达成。信息的收集只能保证课堂评价有促进学生学习与发展的可能性，真正对学习与发展起促进作用的是信息的诠释和运用。

我们要明确信息对教与学的意义——对教与学缺乏意义的信息自然无法用来改进教与学。信息不同于数据，信息是有意义的。单一的数据片段很少有用，要将数据变成信息，就要将其置于情境之中，必须在情境之中对其加以分析和诠释。正因为反馈在促进初中生创造力发展的课堂评价中有重要地位，所以要在分析与诠释相关信息的基础上，以科学参照、学生参照和关心参照三种方式利用评价信息采取行动，对学生做出反馈；在交流评价结果时要给学生提供及时的、描述性的反馈，并以学生可理解的方式将评价信息传递到学生手中，同时，还必须发挥学生

---

① 刘辉：《促进学习的课堂评价结果处理研究》，博士学位论文，华东师范大学，2010，第70页。

自我评价和同伴互评的价值。总之，评价的质量高低在很大程度上取决于反馈质量的高低，反馈与调节是处于重要地位的环节，可以通过提高反馈质量优化促进初中生创造力发展的课堂评价。

三 框架模型在课堂评价中的运作程序

促进初中生创造力发展的课堂评价的框架模型结构的特征和关键环节在框架中有所体现，本部分将继续探讨此框架模型如何在课堂中应用，以及需要参照哪些策略。

（一）明确评价目标

为了有效地学习和促进自身创造力发展，学生需要明确自己的评价目标，并在学习过程中不断反思和调整自己的学习方法，尽可能使用创造性、启发性思维以实现这些目标。评价目标对教师教学和学生学习都有重要价值，既是教学的出发点，也是教学的归宿。明确评价目标可以帮助学生在学习过程中更加专注并帮助其进行有计划的学习。通过设定目标，学生可以明确自己需要掌握哪些知识和技能，从而有针对性地安排自己的学习计划。此外，明确评价目标还可以帮助学生有效地评估自己的学习成果，明确自己的不足之处，并进一步改进自己的学习方法。

促进初中生创造力发展的课堂评价首先需要清晰的评价目标。明确评价目标是开始的第一步。但如何确定评价目标呢？课程标准是对学生在经过一段时间的学习后应该知道什么和能做什么的界定与表述，反映了国家对学生学习结果的期望和要求。因此课程标准是确定评价目标的主要依据，促进初中生创造力发展的课堂评价框架在课堂中的运作需要分解课程标准，即根据教材、学生情况与教学资源等，将课程标准分解成具体、可测量、易操作的课时学习目标。最终依据这些具体、可测量、易操作的课时学习目标，设计教学任务，引领学习者在创造性学习过程中达到所预期的目标或结果。

1. 分解课程标准的思路

各科目课程标准的设计思路和内容呈现方式不尽相同，比如，数学、生物、科学及化学按主题或知识点分级描述，语文、音乐、体育及美术等按学习领域分水平或学段描述，英语等按目标领域分等级描述，但在将课程标准分解成每学年、每学期、每堂课的学习目标时，在对应关系上主要有"一对一""一对多""多对一"三种类型。[1]

其中，"一对一"关系指的是一项课程标准对应一个学习目标。"一对多"关系指的是一项课程标准对应多个学习目标。而"多对一"关系指的是多项课程标准对应一个学习目标。根据以上课程标准和学习目标之间的对应关系，分解课程标准的策略基本上包括替代、拆解和组合三种。[2]

替代策略是指根据"一对一"的对应关系，以某个主题直接替换原有课程标准中的某个关键名词形成学习目标。例如，对于"能够在写作中运用一种具体的修辞手法"，用"比喻"替换"一种具体的修辞手法"，即形成了"能够在写作中运用比喻"这一条学习目标。又如，"较好地掌握球类项目中的某一技术和战术"，用"羽毛球"替换"球类项目"，即形成了"较好地掌握羽毛球中的某一技术和战术"这一学习目标。

拆解策略是根据"一对多"的对应关系，将课程标准拆解成几个相互存在联系的子指标，然后形成具体的学习目标。例如，对于"能理解轮船的不同组成部分"，"理解"可以拆解为"用言语表达""用图形描述""用框架展示"等，"不同组成部分"可以拆解为"船头"、"船尾"、"主舱"和"底舱"等，由此即可形成多个学习目标。

组合策略是根据"多对一"的对应关系，将课程标准中具有关联性的部分内容组合成一条学习目标。如可以将"认识和理解体育锻炼对身体形态发展的影响""认识和理解体育锻炼对身体机能发展的影响"两

---

[1]　赵士果：《促进学习的课堂评价研究》，博士学位论文，华东师范大学，2013。

[2]　Larry, A., *Unwrapping the Standards: A Simple Process to Made Standards Manageable* (Englewood: Learning Press, 2003), p. 5.

条课程标准，组合成"理解体育锻炼对体质健康的意义"这一学习目标。①

2. 分解课程标准的过程

课程标准分解是一项十分复杂的专业活动，大致包括三个步骤，即寻找关键词、扩展或剖析关键词及形成剖析图。

第一步，寻找关键词。拉里（Larry）认为分解标准指的是辨别课程标准中的概念和技能。在课程标准中，概念或事实是以名词短语的形式来呈现的，技能则是以动词的形式来呈现的，因此，教育者分解课程标准时，首先要寻找表示学生需要知道什么和能够做什么的这些关键性的名词和动词。也就是说，我们首先要从一条课程标准中找出行为动词（技能）和这些动词所指向的名词（事实或概念），或修饰它们的形容词、副词等修饰词和规定性条件，将其作为关键词，并予以分类。如"了解区域的含义"中动词是"了解"，动词所指向的核心概念是"区域的含义"，它们都是这一标准的关键词。

第二步，扩展或剖析关键词。在找到或标出关键词之后，下一步是对关键词予以扩展或剖析。扩展和剖析方式包括概念认知图展开、词语意义展开、理论概念展开、教师经验展开等，教师可自行决定采用哪种方式。如"了解区域的含义"之"区域的含义"可剖析为"区域的概念""区域的特征""重要的区域""常见的区域"等。相应地，"了解"可剖析为"说出""描述出""列举出"等。

第三步，形成剖析图。课程标准中的关键词并不总是可以被简单地"一对一"分解，常常是一个关键词（行为动词或名词）有多种分解的可能，从而产生多种不同的组合方式。为了能在有限的教学时间之内，将评价目标具体到学生个体，教师应依据教学经验和自身的专业素养，在所剖析出的概念中聚焦于最适合学生学习、最能满足学生需求并适合自己教学的重要概念。然后，将这些概念根据某种逻辑（如三维目标、水平、程度、类别、数量等）进行重点组合，绘制成剖析图。图6-2就

---

① 赵士果：《促进学习的课堂评价研究》，博士学位论文，华东师范大学，2013。

是一个例子。①

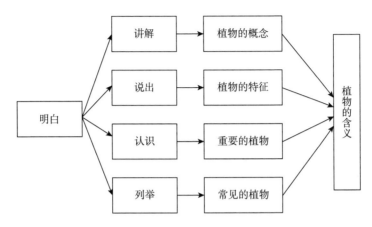

图 6-2 对"明白植物的含义"的剖析

资料来源：佟柠《听，与锡山高中对话的声音》，《基础教育课程》2009 年第 12 期，第 60~65 页。

3. 学习目标的书面呈现

在明确了课程标准分解的策略和程序后，教师就可以依据课程标准分解后的剖析图叙写学习目标。关于如何叙写学习目标，目前学界在已有研究的基础上基本形成了较为一致的看法，认为学习目标的叙写包括"行为主体"（audience）、"行为动词"（behavior）、"行为条件"（condition）及"表现程度"（degree）四个要素。

"行为主体"指的是学习者，在叙写学习目标时，要以学习者为行为主体来描述其行为，而非以教师为行为主体进行描述。规范的学习目标开头应是"学生能够""学生应该"，主体指的是特定的学习者。

"行为动词"是那些能够描述学生所做出的可观察、可测量的具体行为的词语，如写出、列出、认出、辨别、比较、对比、指明、绘制、解决、背诵等，而非掌握、领会、理解等描述难以观察和测量的行为的词语。

"行为条件"是指学生产生学习结果的特定限制和范围等，如"根

① 崔允漷主编《有效教学》，华东师范大学出版社，2009，第 111~112 页。

据地图""看完全文后"等。对条件的表述有四种类型：允许或不允许使用手册与辅助手段，如"可以/不可以带计算器"；提供信息或提示，如"给出一张中国行政区划图，能标出×××"；时间的限制，如"在几分钟内，能做完×××"；完成行为的情境，如"在课堂讨论时，能叙述×××要点"。

"表现程度"指的是学生要达到的最低表现水准，是对学生实现目标程度的最低要求。标准的表述一般与"好到什么程度""质量要求如何"等问题相关，如"正确率应达到×××以上"等。

4. 师生交流评价目标

作为教师，除了制定明确的评价目标，还必须以清楚、学生易于理解的方式与学生交流评价目标，这样才能够为学习者提供一条更好的了解评价目标的路径，做到教学评一致。为了有效地交流评价目标，教师最好能在一节课开始之前，以灵活多样的方式向学生呈现评价目标，在学习过程中让学生随时能看到评价目标，在一节课结束时与学生一起回顾评价目标。许多研究表明，学生只有真正理解了学习目标和成功的标准，才会认为评价目标对他们而言是有价值的、是可以实现的，这能够在一定程度上为学生树立信心和目标，并使他们致力于完成目标。因此，教师要做到与学生有效地交流评价目标，这是至关重要的一点。

（二）收集评价信息

评价信息是教师进行创造性教学决策、调整教学的依据。准确、可靠并全面地收集评价信息是教师正确地判断学生的学习表现并做出正确的教学决策的关键条件之一。在有了明确的评价目标之后，教师必须掌握有效地收集与评价目标相关的信息的原则和程序。[①]

1. 收集评价信息的原则

在收集评价信息的过程中，为了确保收集的评价信息的信度和效度，不仅要尽量多考虑收集信息时物理上、情绪上的环境条件，如一项

---

① 赵士果：《促进学习的课堂评价研究》，博士学位论文，华东师范大学，2013。

测验的实施地点是否会给学生带来更多的焦虑，而且还要考虑收集评价信息的情境是否能够给学生提供足够的机会以展示他们的学习表现。此外，还要确保收集评价信息所使用的工具和任务的质量。这指的是诸如测试题目或表现标准的清晰性、评价程序与被评价对象的特征之间的相关性、评价任务与评价目标之间的一致性，以及题目所使用语言水平的恰当性等。①

　　创造力发展是一个不断接近目标的持续过程。在这样一个过程中，学生需要随时知道，相对于目标来说，当前自己在哪里。换言之，学生在学习过程中有巨大的信息需求，随时需要评价信息来支撑自己的学习，明确自己相对于目标"现在在哪里"以及为达成目标"下一步怎么走"。

2. 收集评价信息的过程与步骤

　　收集评价信息的第一步是明确从哪里能收集到评价信息、应该收集哪些方面的评价信息。就课堂评价而言，凡是与学习目标相关的信息都可以成为评价信息。具体来说，"评价信息源包括学生作业、试卷、实验报告单、各种作品、学生笔记和学业成绩单、同伴的观察记录及评价，来自家长、社会的各种能说明学生发展情况的资料等学习结果性信息源；也包括上课听讲、回答的情况以及理解、应用、分析、整合新知识的速度和深度等过程性信息源；还包括教学内容的难易程度、学生学习的精神状态等输入性信息源；最后还要考虑学生原有的知识结构、学习态度、动机等背景性信息源"②。也就是说，课堂中蕴含着丰富的评价信息，教师需要抓住时机，根据评价目标从庞大的信息流中鉴别、判断、筛选与学习目标有关的信息，收集尽可能多的有价值的、典型的信息。

　　要想收集到准确可靠的信息，评价者必须熟练地掌握和运用恰当的方法。然而，如同我们不可能运用一把尺子测量所有学生一样，我们也不可能运用一种评价方法收集所有的评价信息。不同的评价方法有各自

---

① Airasian, P., *Classroom Assessment: Concepts and Applications* (New York: McGrawHil, 1994), p. 384.

② 沈玉顺编著《课堂评价》，北京师范大学出版社，2006，第36页。

的优势与局限，如纸笔测验往往难以用来确定技能型学习目标的达成情况，表现性评价也难以用于确定知识类目标的达成情况，因此，教师必须保证评价方法与学习目标的匹配性，针对不同的学习目标选择、制定恰当的评价方法，否则，评价的效度难以保证。

评价任务是为了引出与学习目标相关的评价信息而设计的一些活动任务，如课堂检测、课堂提问、课后作业、测验、撰写小论文、参与讨论等。无论我们是选择纸笔测试、表现性评价、交流式评价还是其他收集评价信息的方法，都必须给学生设计特定的评价任务，通过这些评价任务让学生传递出学习的证据信息，设计高质量的课堂评价任务是有效课堂评价的基础。[①]

为了设计有效的评价任务，引出高质量的评价信息，我们需要坚持一致性、清晰性、可行性和公平性原则。其中，一致性是指设计的评价任务必须和期望的学习目标相一致，能够引出关于我们所关注的能力表现或学习情况的证据。清晰性指设计出的评价任务必须清晰、明确，使每个学生都能理解它的确切含义，能够兼顾不同层次、水平、背景学生的需要；可行性指设计的评价任务必须在课堂上容易操作，在现实情形下是可以完成的，如现实中有足够的时间、材料、设备以及安全保证等；公正性指设计的评价任务必须是公平和公正的，不能存在家庭背景、地域、种族、性别、民族等方面的歧视。

评价任务的设计是复杂的，还包括了对心理结构的分析、对任务的刺激情境的设置以及质量分析。这就是为什么要保证能够收集到有效的信息需要一套规范的设计评价任务的方式。现有的课堂评价任务设计方式主要有两种。第一，以对评价的目的和学业目标的清晰界定引导评价任务设计过程。第二，在明确预期的学生学习结果的同时，还要知道学生在达到这个学习结果的过程中是如何学习的，即形成认知和学习框架。[②] 学习

---

① Stiggins, R., *Student-Involved Assessment for Learning* (Upper Saddle River, NJ: Merrill/ Prentice Hall, 2005), p. 69.

② 豆雨松：《教师课堂评价任务设计和使用研究》，硕士学位论文，华东师范大学，2011，第9页。

框架揭示了学习是如何开始和推进的，并指明了学业成就中哪些方面是最重要的、应该如何对其进行评价。

由于学习框架基于对某一特定领域的实证研究，其搭建往往需要投入大量的时间和精力，要求非常高，所以本书强调以清晰的学业目标为引导进行评价任务的设计，以促进学生创造力发展。

（三）分析与诠释相关信息

1. 依据标准解释评价信息

教师能否做出正确的教学决策，不仅取决于收集评价信息的质量，而且也取决于对信息做出解释的质量。无论是对那些以课前预先计划的方式获得的学习证据信息，还是对那些在课堂中以偶然生成的方式获得的评价信息，如果教师不去分析和解释，这些评价信息都将是一堆毫无联系、没有意义的事件的集合，不会对学生学习与创造力发展产生任何积极作用。因此，当教师获取了作为课堂决策的原材料的评价信息之后，下一步教师要回答"这些收集到的信息告诉了我什么，说明了什么"的问题，即解释学生的学习表现。具体而言，教师必须根据收集到的信息分析学生是否已经达到了评价目标，如果学生达到了评价目标，还要继续追问评价目标的达成度如何，是全部学生都顺利地达到了评价目标，还是只有部分或少数学生比较顺利地达到评价目标，等等。如果学生还在实现评价目标的进程中，没有达到评价目标，教师还需要分析学生在学习进程中的哪个点上、距离评价目标的差距究竟还有多远等。在对信息进行具体分析和解释之后，教师就能为下一步的教学做出正确的决定。

通常来说，教师对评价信息的分析和解释通常发生在三个时间段内，据此可以将其分为以下三类：在课前对学生已有知识的分析和解释，即通常我们所说的对学情的分析；对课堂中随时出现的评价信息的分析和解释；在其他时间，如课后、考试之后，对评价信息的分析和解释。需要注意的是，我们期望教师总是能够正确地解释学习证据，这是不尽合理的，但我们有理由要求他们尽可能正确恰当地解释学习证据。[1]

2. 依据多次评价的结果解释评价信息

课堂评价是一个极为复杂的过程，需要教师做出专业判断，回答评什么、怎么评、何时评、谁来评、评价谁及评价后结果该怎么处理等一系列问题。他们也要根据一些参照标准解释学生的学习与发展情况，还要确保对学生学习与发展所作的推论是可靠、公平、无偏见的，并与学习目标紧密相连。在课堂评价中，有研究者提出，可以用"能力参照、成长参照、常模参照和标准参照四种参照框架来解释学生的表现"；也有研究者提出用"标准或结果参照、常模参照和自我参照来解释学生的表现"[2]。

但是，由于在促进学习与创造力发展的课堂评价框架下，评价的目的主要在于寻找学生当前学习水平与既定学习目标之间的差距，或者判断学生当前的学习表现是不是比先前的学习表现有了进步，因此，对学生表现的解释主要基于标准参照和学生自我参照。

标准参照通常是相对于常模参照而言的，常模参照通常指将学生的表现与事先规定的群体中其他学生的表现进行对比来解释当前学生的表现，如"你今天学到的比其他同学要多""你这次考试成绩排在全班第一名"等。而标准参照是指将学生的表现和一些预先确定的标准、学习结果、学习期望相比较以做出解释。不同于常模参照将个体的分数与所谓的"常模"相比，标准参照中用以与个体表现作比较的是"标准"（criterion）。这里的标准就是对学生在测验想要评价的领域的知识掌握水平的描述，而不是很多人所理解的"及格线"或"达标线"。比如，"学生能够正确地对两个个位数进行相加"就是标准，而"学生能至少答对 80% 的个位数加法题"就是及格线。准确地说，标准参照中的标准就是教育者对学生应当掌握的知识、技能的明确界定，是对期望学生获

① 〔美〕Peter W. Airasian：《课堂评估：理论与实践》（第四版），徐士强等译，华东师范大学出版社，2008，第 417 页。

② 〔美〕Albert Oosterhof：《开发和运用课堂评估》，谭文明、罗兴娟译，中国轻工业出版社，2006，第 12 页。

得的成就的描述；标准参照就是将学生在评价中的表现与期望的成就"定义"相比较，来确定学生是否掌握知识、技能以及掌握的程度。

与常模参照相比较，标准参照作为一种解释方式最大的一个好处就是有助于回答对学习极为重要的两个问题。首先是"我要去哪里"，即学习目标。标准事先描述了学习结果，让学生明确了努力的方向和目标；而且，标准参照中的"标准"是绝对标准，能否达到标准只关乎个体努力，与他人无关，能够鼓励所有学生通过努力去达到标准。其次是"我当前在哪里"，标准参照使用预定的标准来衡量学生当前的学习情况，能反映学生在我们期望他们开展学习的领域中具体的知识掌握情况，能够让学生知道自己与目标要求之间的差距。

在学习评价中，自我参照，尤其是自己跟自己的纵向比较，非常必要且有价值。因为学习就是变化，就是创造力发展的原动力，看到自己的变化是进一步学习的最重要的动力来源之一。对于那些无论做出怎样的努力都很难提升"相对位置"或者那些无须做出太大努力就能保持领先位置的学生而言，这种参照尤为重要。不过，这种参照的作用主要在于其情绪动力功能，即影响学生的信心、兴趣、动机、自我效能感等；相反，其认知功能有限，难以让学生确定自己的学习状况与目标要求之间真正的差距。特别是在当前课程标准成为评价的关键依据的背景下，达成课程标准规定的课程目标是对所有学生的共同要求，关注个体内差异的自我参照只能在过程中运用，最重要的还是标准参照。

其实，自我参照要真正发挥作用，通常需要与另外两种参照结合起来，尤其是与标准参照结合。自我参照关注变化，但要确定"变化"，通常还需要借助于"常模参照"。教师笼统地告知学生"有进步"，或者让学生知道其在群体排位中前进了几位，学生可能会很高兴，但如果学生完全不知道哪些方面有进步、进步表现在哪里，那么学生可能也就不知道如何做得更好，甚至难以树立起信心，形成良好的自我效能感。如果自我参照能与标准参照结合，那么学生就可能在知道当前自己已经距目标近了一步之外，还能知道"相对于目标当前自己在哪里"，这对于学习的改善才真正有帮助。

3. 综合考虑各种因素解释评价信息

学生在创造性学习过程中的表现不仅会受到一些自身因素，如文化背景、生活经历、先前的经验、学习动机水平、兴趣爱好、个人学习风格等的影响，而且会受到教室中的物理环境、师生关系、同伴关系以及教师教学的质量等外在因素的影响。如果教师在解释评价信息时，不综合考虑这些因素，就会使对评价信息的解释缺少可靠性，不能有效地说明所评对象真实的行为表现。除此之外，教师还需要在综合考虑各种因素的基础上进一步收集新的信息，通过评价信息分析其背后的问题，不能只停留在评价信息的表面含义上，否则就会对学生及其表现做出错误的解释。如因为某位学生在课堂上没有回答出教师的问题就判断他没有明白和掌握教师所讲的知识，这种解释和判断显然是失之偏颇的，因为出现这种情形可能是由于这位学生紧张或害怕出错，并不是因为其没有理解教师提出的问题。有学者也强调不能只根据近期的信息或学生的外在表现来解释学习行为，对于课外学习机会较少或文化行为与大多数学生不同的少部分学生而言，教师在解释他们的行为时尤其应注意此类问题。[①]

（四）给予有效评价反馈与调节

课堂反馈是课堂评价促进学生学习与创造力发展的关键环节，能够推动教与学的改进。在课堂评价过程中，反馈是指教师对学生在知识、技能、推理、学习状态等各方面行为表现的反应，其主要作用是帮助教师在发现学生当前的学习状态与预定的学习目标之间的差距的基础上，为他们提供改进的建议以缩小这一差距。简而言之，反馈的本质在于促进学生的学习与创造力发展，能够对推动初中生创造力的发展起到重要作用。事实上，学生在参与学习评价活动的整个过程中，都希望教师给他们提供反馈，以便让他们知道自己所做的是对还是错，以及如何改进

---

① 〔美〕Peter W. Airasian：《课堂评估：理论与实践》（第四版），徐士强等译，华东师范大学出版社，2008，第420页。

做法，或是有没有达到学习目标的某些要求。

反馈在评价中具有极其重要的地位，它是评价的关键，评价必须依靠反馈发挥作用。所以教师要给予有效的评价反馈，做到基于目标进行反馈、基于任务进行反馈、基于学习者的特点进行反馈、利用多种形式进行反馈以及抓住恰当的时机进行反馈，并在提供了反馈之后进行一定的调节，使学习活动进一步优化。

1. 基于目标进行反馈

严格地说，有效的反馈提供的不是关于"学生现在在哪里"的信息，而是关于"相对于确定的目标学生现在在哪里"的信息。换言之，反馈信息源于学生当前表现与目标状态的比较。这也是前面强调要以目标为参照来解释评价信息的原因。目标设置理论认为，目标与反馈相结合能够有效地提高个人的学业成就水平。目标不仅描述了个体需要达到的结果，也为个体自我评价提供了一定的参考标准。基于目标进行反馈可以帮助个体了解自己与目标水平的差距，辨别个体在学习进程中哪些地方做得好、哪些地方有待完善。正如萨德勒所认为的，反馈的全部奥秘就是基于学习目标发现学生当前学习水平与预定目标水平之间的差距，并填补这个差距。[1] 为了促进初中生的创造力发展，教师需要对学习目标有清楚的理解和清晰的定义，只有这样才能够带领学生、指引学生不断进步，并且让学生弄明白自己与目标之间的差距。

2. 基于任务进行反馈

反馈应该集中在完成任务的过程与结果上，而不是个人身上，也即去个性化。[2] 如果提供给学生的反馈是关于一个任务进行得如何、完成任务的过程如何，以及他们如何管理自身的行为的，那么其常常是有效的，但是，如果反馈只是简单地包含了类似于"很好""做得不错"这样的陈述，则其对学生的成就影响不大。克鲁格和德尼斯认为指向任务

① Sadler, D., "Formative Assessment and the Design of Instructional Systems", *Instruction Science* 18 (2), 1989: 119-144.
② 祝新华：《促进学习评估中的反馈的效能及其提升策略》，《课程·教材·教法》2011年第4期，第58~64页。

的反馈信息能提高学习者的成绩，而指向学习者个人的反馈信息（如"你是一个非常优秀的学生"）反而会降低学习成绩。因此，关注学习者的学习任务，在学习者完成任务的过程中，不断地给予反馈，指引学生更好地管理自身的行为，更利于他们的进步和成长。

3. 基于学习者的特点进行反馈

反馈的给予只带来一种改善的可能性，学生对反馈的接收、理解以及基于反馈的行动才是改善的关键。而只有反馈被接收，学生才有可能基于所得到的反馈来行动。很多时候教师给予了反馈，而学生却没有真正理解反馈的意义。原因之一就是教师给予反馈的时候并没有关注到学习者的特点，而对反馈的理解会受到学习者能力水平、目标定向、学习风格等个体因素的制约。就学习者的能力水平而言，对于低成就者较适合提供即时反馈、直接性（或纠正性）反馈、支架式反馈、答案性反馈或精致性反馈，而对于高成就者较适合提供延时反馈、促进性反馈、确定性反馈。学习者的学习目标定向也会影响反馈的效果，对于过程定向的学习者较适合提供消极反馈，对于结果定向的学习者提供积极反馈更能激励学习。此外，学习者个体的学习风格对其对反馈的接收也具有一定的影响，偏好复述策略的学习者更多得益于关于结果对错的确定性反馈，而偏好批判性思维的学习者更多得益于精细性反馈。①

4. 利用多种形式进行反馈

从物理形式上来说，反馈方式可以划分为口头反馈和书面反馈。在课堂中教师的大部分反馈都是口头反馈，书面反馈经常在课后进行，常常出现在课后作业中。书面反馈虽不如口头反馈那么及时、简洁，但能够为学生提供更多具体、详细、描述性的反馈信息，能够为教师和学生提供很好的交流平台，故书面反馈也具有自身的优势。反馈从范围上来看，可以划分为个别反馈、小组反馈和集体反馈三种。个别反馈针对的

---

① Wang, S., Wu, P., "The Role of Feedback and Self-Efficacy on Web-Based Learning: The Social Cognitive Perspective", *Computers & Education* 51 (4), 2008: 1589-1589.

是学生个体，能使一些学生觉得教师重视他/她的学习和发展。小组和集体反馈面向的是部分和全体学生，能让更多学生接收到反馈信息，换言之，可以通过一次信息反馈，达到指导多名学生的效果。这三种反馈形式各有优点和局限，在实践中需要根据学习情况灵活地加以利用。可见，向学生提供反馈信息的形式是多种多样的，不同的情况下需要运用不同的反馈形式。

5. 提供恰当的机会使用反馈

当教师在进行课堂评价时，还要计划好在何时给予学生时间和机会使用反馈，将反馈信息应用到他们随后的学习与发展中。如果他们没有机会利用反馈改进学习与发展，那么反馈就失去了它的价值和意义。如果我们的反馈信息仅仅被记录或者转交给第三方，而第三方缺少相关知识，没有能力改变现状，或者反馈信息以难以理解的方式被编码（如教师给学生的一个模糊的等级），则反馈信息不能引起学生恰当的行为，信息的控制圈不能关闭，此时悬置的数据就会代替有效的反馈。①

课堂评价是教师专业发展的一个非常重要的组成部分，甚至在人类早期的教学实践中就普遍地存在着。但作为一个重要领域，课堂评价受到的关注远远少于作为一个整体的教育评价。其实，尽管课堂评价无疑从属于教育评价，但它与通常讨论的教育评价不同，通常讨论的教育评价未能涵盖课堂评价，本书所说的课堂评价也与被普遍关注的课堂教学评价不同。

长久以来由于我国过于重视外部的总结性评价，课堂评价没有得到应有的重视，其内在的价值和独立的品格没有得到真正彰显，造成课堂评价被漠视、教师的评价素养相对缺乏等，以至于在实践层面教师的课堂评价面临一些问题。这些问题突出表现在教师引出评价信息的意识较淡薄、收集评价信息的方法不恰当、分析与诠释信息的标准不清晰、进行有效反馈与交流的技术较欠缺、后续的改进和干预措施不完善等方

---

① Sadler, D., "Formative Assessment and the Design of Instructional Systems", *Instructional Science* (18), 1989: 121.

面。促进初中生创造力发展的课堂评价是教师和学生以促进和支持学习与发展为目的，围绕评价目标收集信息、分析与诠释信息、做出反馈并调节教与学的过程。笔者希冀框架模型在促进学生学习与发展的课堂评价中能够发挥作用，最终对初中生创造力发展起到一定的支持作用。

第七章　结论、讨论与展望

　　课堂评价作为教育评价的重要组成部分，是学生能否高质量学习与发展的关键。课堂是实现国家教育目的和促进学生生命成长之地。聚焦课堂、研究课堂是整个教育改革无法回避的任务。本书选取的"促进初中生创造力发展的课堂评价"这一主题的重要性不言而喻。本书的研究对象选自基础教育阶段的初中生，研究内容主要是促进初中生创造力发展的课堂评价的相关研究发展历程、理论分析、包含的基本关系、现状调查以及框架模型的建构等。本书研究的结论、讨论和展望如下。

一　促进初中生创造力发展的
课堂评价的研究结论

　　通过对创造力和课堂评价的理论与实践分析，本书致力于对现代创造教育和教育评价研究进行丰富与完善。目前尚未有关于如何通过课堂评价有效促进初中生创造力发展的研究，笔者通过理论探索和实践调查，尝试构建能够有效促进初中生创造力发展的课堂评价的框架模型。本书的主要结论如下。

　　第一，国内外对创造力和课堂评价的研究的发展历程漫长且曲折，通过研究能够发现国内外研究在思想、观念和方法上的不同特征。

　　在创造力研究的发展进程中，历史演变造就了国内外的巨大差异，究其根源主要是国内长期受到东方哲学尤其是中国哲学研究的影响，创造力研究主要建立在对创造本质和人的本性的深度哲学思考基础之上。国内外创造力研究在历史演变上的差异主要体现在文化思维观念上。刘仲林先生认为：西方特长主要体现在"概念思维与形式逻辑"上，而中方特长主要体现在"意象思维与审美逻辑"上。[①] 我国文化中处处蕴含着丰富的创造性思维，但是在文化中呈现的功能与西方文化中的创造性思维有很大不同。在西方文化思维观念中，创造性思维因素与形式逻辑构成了有机的整体。

课堂评价作为促进学生学习与创造力发展的一种重要评价方式，对提升学生的综合素质和教师的专业能力有着重要作用。为了科学、合理而有效地对学生的创造力发展进行分析，需要对课堂评价进行深度研究。国外关于课堂评价的研究是随着班级授课制的形成而产生的，在不同时期出现了不同的观点，对其发展历程进行全面而深入的考察和评析，能够为新时代教育评价改革背景下的课堂评价研究开辟一条可能路径，并有力地促进在此基础上就如何通过课堂评价促进初中生的创造力发展进行理论深思与实践反思。

第二，从创造力和课堂评价的特征视角看，创造力发展与课堂评价相互作用、密切相关。

近年来，我国越来越重视学生创造力发展，发展创造力教育已成为我国新时代教育改革的主旋律。然而在学生创造力发展过程中，我们所关注较多的是创造力是什么、怎样培育的问题，却对创造力发展与课堂评价有何联系、如何进行课堂评价才能促进学生创造力发展等问题不甚明了，致使相关的理论与实践研究效果打了折扣。研究发现，创造性思维贯穿于两者关系的始终，课堂评价的存在是两者关系形成的前提。

本书在对创造力理论、课堂评价理论、综合素质评价的分析和阐述的基础上，结合初中生发展特点来探讨初中生创造力发展和课堂评价之间的关系。从创造力和课堂评价的特征入手分析创造力发展与课堂评价之间的相互作用关系，再分别从综合素质评价的本质视角、创造力和课

---

① 刘仲林：《中国创造学概论》，天津人民出版社，2001，第 248、265 页。

堂评价的特征视角、促进学生学习与发展的视角以及教师评价素养的视角看待创造力发展和课堂评价之间的关系，进而表明课堂评价能促进初中生的创造力发展。将课堂评价建立在学生创造力发展评价理论基础之上，把创造力发展评价的内容及标准有机融入课堂评价中，对于课堂评价的常态化落实能起到至关重要的指导作用。

第三，从实证视角分析可知，初中生创造力的发展水平和课堂评价之间存在相互作用关系。

为了使促进初中生创造力发展的课堂评价更好地体现理论研究的进展，同时又符合课堂的现实实践需要，本书认为应从理论与实践两条路径对课堂评价进行深度研究，既要有自上而下的演绎理论方法，又要有自下而上的归纳实践方法，这两类不同的方法可以在课堂评价中相互印证，使得课堂评价活动既符合课堂评价自身的原则、依据标准和特点，又符合促进初中生创造力发展的目标与理念，真正在培养学生的创造力方面发挥积极作用。

根据研究计划与实际开展基于自主编制问卷的问卷调查，问卷内容主要包括学习目标、学习内容、学习方法、学习能力、学习态度和学习效果等六个维度。经过对 1085 份有效问卷中学生课堂行为的归纳、整理与分析，可以发现：在学习目标方面，学生希望在上课开始时，教师能够明确提出学习目标（选择"经常"和"总是"的人数的比例之和达到了 82.1%）；同时还希望不仅要关注学习目标的完成，还要关注生成性目标的达成（选择"经常"和"总是"的人数的比例之和达到了 80.0%）。在学习内容方面，学生在课堂上十分注重学习内容（选择"经常"和"总是"的人数的比例之和在五成多到六成多）。教师在讲授学习内容的重点、难点时，学生倾向于希望老师先让学生独立思考，再讲解（选择"有时"和"经常"的人数的比例分别为 45.2% 和 41.0%）。在学习方法方面，选择"经常"和"总是"的人数的比例之和在四成多到五成多，其他四成左右选择的是"有时"。这说明了在课堂教学中学习方法的重要性。在学习能力方面，选择"很少"和"有时"的人数的比例之和在五成多到七成多，说明学生学习能力不是十分强。在学习态度方面，对于各个问题，选择"经常"和"总是"的人数的比例之和相差较大。这足以说明课堂教学中学习态度值得关注。在学习效果方面，选择"经常"和"总是"的人数的比例之和在五成多到六成多。这足以说明学生的学习效果总体较好。

　　本书基于自主设计的教师课堂评价访谈提纲，先后对 24 位教师围绕课堂教学行为进行了深度访谈，发现大部分教师认为自己的学校过去开展的课堂评价活动主要包含整体性评价、同伴互评和个别评价。其中，有 15 位教师提出应以个别评价和小组评价为主进行课堂评价，占总人数的 62.5%。对于如何处理学生创造力发展与课堂评价的关系，参与访谈的 24 位教师一致认为，应积极引导学生参与到课堂之中，促进学生的学习与创造力发展，这不仅是必要的，更是一节课的关键所在。同时，也有 6 位教师进一步提出并不应将课堂评价中所有评价维度和评价标准全部融入课堂教学场域之中，应重点关注的是学生在学习与创造力发展等方面的进步。此外，大部分接受访谈的教师认为课堂评价的实施路径应以促进学生的学习与创造力发展为根本目标，同时在课堂评价中面临的最大问题与挑战是量化评价突出且以他评为主，解决这一问题需要在理论上深度思考、在实践上着力探索。经过对访谈内容的整理、归类和分析得出一些关键结论：课堂评价有利于促进学生的创造力发展，课堂评价是推动学生创造力发展的动力和重要途径之一。

　　第四，通过促进初中生创造力发展的课堂评价的框架模型的构建，发现可以在其实际操作环节优化执行策略，利用课堂评价来推动初中生创造力发展。

　　任何一种评价模式或者框架都是对如何挑选出评价对象及处理评价中所遭遇问题的一种理想化或框架化的看法，是评价者用来概念化及描述评估过程与方法的总结、缩影或摘要。它蕴含着一定的个人主观的思想取向和价值观念，并表现为一定的操作规则和方法、步骤。① 促进学

———————

① 许国志主编《系统科学》，上海科技教育出版社，2000，第 37 页。

生创造力发展的课堂评价框架模型融合了不同国家和地区诸多研究者对其的理念、原则、方法、程序和结果运用等方面的理解，是在长期实践经验积累的基础上对课堂评价中诸多要素进行提炼和升华，并按照一定的逻辑结构进行系统化处理、整体化展现的产物。通过理论研究与实践调查，可以分析出促进初中生创造力发展的课堂评价框架应包括四个核心要素，即明确评价目标、收集评价信息、分析与诠释相关信息和给予有效评价反馈与调节。这四个核心要素之间的关系以及它们在评价系统中的结构安排，体现出促进初中生创造力发展的课堂评价框架本身符合一般的课堂评价规律。

理论上促进初中生创造力发展的课堂评价在实践中会存在诸多变式，不同的理论研究者和学者对其会存在不同的见解。但是无论如何进行理解和判断，都应将促进初中生创造力发展作为实践追求，理论研究也要为实践探索指明方向和拓宽道路。

二 对如何通过课堂评价促进初中生创造力发展的讨论

本书立足于学生全面而有个性发展的目标要求，重点关注如何通过课堂评价促进初中生创造力发展，开辟了基础教育改革指导下课堂评价研究的新视角；深入回答了为什么要研究促进初中生创造力发展的课堂评价、研究促进初中生创造力发展的课堂评价的什么内容、如何研究促进初中生创造力发展的课堂评价等关键性问题，着重探寻促进初中生创造力发展的课堂评价的理论和知识基础，最终形成促进初中生创造力发展的课堂评价的框架模型，以此为课堂评价发展提供相应的理论支撑和智力保障。因此，本书的选题存在一定的挑战性。

首先，课堂评价是促进初中生创造力发展的重要途径，与两者直接相关的理论研究比较薄弱，为本书的研究梳理和资料分析带来了一定的困难。此外，经过分析和学习，笔者发现虽然对创造力研究与课堂评价研究的分析及述评，可以帮助本书厘清研究发展脉络和内容，但是国内外的研究发展历程漫长且学者众多这一情况，为本书的研究带来了一定挑战。

其次，虽然笔者借鉴了一些成熟的问卷并自主编制了课堂评价的调查问卷以进行现状调查和分析，能够为本书研究提供实践证据，但由于调查取样受到限制，访谈技巧和人力、物力资源有限等，在实践过程中调查的开展也存在一定难度。

最后，本书试图建立促进初中生创造力发展的课堂评价的框架模型，这是本书研究的重难点。该框架模型具备一定的理论意义和智力支持作用，并在部分学科课堂中得到了应用，取得了一定的效果，能够证明本书研究的现实意义与研究价值。但是由于这一框架模型基于有限的实证调查，并且是结合逻辑推演而进行的理论研究的产物，所以在大范围的实践推广中的适用性还存在一定的不确定性，需要继续在实践中进一步完善，并进行多次验证。

本书从该框架模型的构建逆推研究主题的知识基础和核心要素，进而顺势继续逆推初中生创造力发展与课堂评价两者的基本关系等，探索学生创造力发展的本土化理论和课堂评价的相关理论，并从知识的角度来探寻促进学生创造力发展的路径，丰富并拓展创造教育理论，适切地指导新时代教育转型下对学生创造力的培养，从而帮助我们全面认识促进初中生创造力发展的课堂评价的地位与价值，并在理论和实践层面上对其进行充分的思考和建构。

三　对促进初中生创造力发展的
课堂评价研究的展望

在重视培养创新思维的数智化时代背景下，促进初中生创造力发展的课堂评价研究在一定程度上可以完善学生创造力发展的相关理论，使教师和学生更加重视课堂评价，对初中生创造力发展产生积极作用，这能增强促进初中生创造力发展的课堂评价理论与实践的相关意识、能力。下面，笔者分别从学科视角、实证视角、数智化时代视角对促进初中生创造力发展的课堂评价研究进行展望。

（一） 学科视角下促进初中生创造力发展的课堂评价研究

本书通过对创造力研究和课堂评价研究进行综合述评，发现二者各自有着丰富的成果，但是将两者结合起来的综合研究较少。在新课程改革背景下，促进初中生创造力发展的课堂评价研究不仅有利于发挥教师、学生两大主体的积极性和创造性，也有利于及时调整教与学的过程、结果。本书认为，未来课堂评价需要进一步深度结合学科特点，例如语文课堂评价要突出重点，营造亮点；需要转变思路，如由教师教的思路转向学生学的思路、由教师评价为主转向学生评价为主等。此外，还需要研究立足于 STEM 教育的循证评价理念[①]或者跨学科融合课程的课堂评价。STEM 课程以工程为核心，整合科学、技术、数学等学科，以探究为基础，采用工程设计的模式，始终坚持以学生为中心和做中学，鼓励和帮助学生掌握知识与技能，进行自主迁移运用、解决实践问题，最终培养学生的科学素养、创新思维和实践能力。促进初中生创造力发展的课堂评价研究需要从我国现阶段学科视角切入，提供促进初中生创造力发展的新建议和启示。

（二） 实证视角下促进初中生创造力发展的课堂评价研究

本书结合理论与实践，自主编制学生课堂评价调查问卷与教师访谈提纲，通过调查和访谈结果分析，可以发现师生虽然在一些方面存在着一定分歧，但是在许多方面还是具有很多共识性意见的，这些共识性意见可以成为对促进初中生创造力发展的课堂评价核心要素、基本原则、依据标准、框架模型等的研究的重要依据。但是在后续的实证研究中，笔者还需要对自主编制的问卷及访谈提纲不断进行丰富与完善，并尝试对研究对象进行一定的扩展，增加研究的深度，为该研究领域提供更多

[①] 詹泽慧、吕思源：《基于课堂观察的 STEM 教学评价：协议、要素与方法》，《开放教育研究》2023 年第 4 期，第 65~80 页。

的实践支撑与可能。此外，笔者还需要深度聚焦典型个案，选取一些有代表性的研究对象，如某学校的某些班级，对其进行课堂观察，甚至是对某些教师和学生进行追踪调查，着力进行更具说服力的实证研究，为促进初中生创造力发展的课堂评价研究提供强有力的支撑。

（三）数智化时代视角下促进初中生创造力发展的课堂评价研究

智能技术已经成为当今世界中最具影响力的技术之一，通过数据收集、数据分析及反馈机制等，为促进初中生创造力发展的课堂评价提供了全新的视角和方法。在数智化时代下，智能技术对教师课堂评价的发展产生重要影响，二者的深度融合有利于更好、更高质量的教育发展，教师作为师生关系中的核心要素，其做出的课堂评价也亟须进行适应性的调整与升级，以促进学生创造力发展。未来的研究应关注如何借助智能技术提升课堂数据效用、增强教师对课堂评价的理解力，聚焦课堂评价中的人文关怀以及增强围绕课堂评价开展反馈和交流的能力，使促进初中生创造力发展的课堂评价趋向应然状态。未来智能技术不断发展，会在课堂评价领域发挥更大作用。未来的课堂评价将融合人工智能的技术手段，教师开展课堂评价就需要在充分发挥人工智能优势的基础上，与其协同合作，通过课堂评价促进初中生创造力发展。

从研究中获得的启示，将是未来课堂评价研究持续深入开展的重要指引，其对我国基础教育课堂评价改革和学生创造力发展具有重要的指导价值与借鉴意义。

附录 A　课堂评价调查问卷（学生）

亲爱的同学：

你好！

感谢你抽出宝贵的时间参与这次问卷调查。问卷调查需要花费你 5~8 分钟的时间，调查资料和结果绝对保密，仅用于学术研究，请你放心填写。同时，为了保证数据分析研究的准确性和有效性，请你认真阅读下面每一个问题，并根据自身真实情况进行作答，不要遗漏任何一个问题。

感谢你的支持与合作！

答题要求：请选择与你的想法最接近的选项，1~25 题在相应的空格上画"√"；26~30 题将选项填写在（）内，没有特别说明的选项均为单选。谢谢！

性别：_____　年级：_____　班级：_____　班级职务：_____

项目	从不	很少	有时	经常	总是
1. 在上课开始时，我希望老师明确提出这节课的学习目标					
2. 在课堂教学中，我希望学习目标是由师生共同预设的					

项目	从不	很少	有时	经常	总是
3. 我希望老师将一节课的学习目标贯穿于整个课堂教学过程中					
4. 对于一节课的学习，不仅要关注学习目标的完成，还要关注生成性目标的达成					
5. 在课堂教学中，我希望老师对教学内容适时调整					
6. 我希望老师能根据我们兴趣对学习内容经常补充相关材料					
7. 在学习内容的安排上，我希望老师多联系我们的生活实际					
8. 我希望老师在课堂上安排教学活动时，能够多给予我们亲自实践的机会					
9. 我希望老师在讲授学习内容的重点、难点时，先让我们独立思考，再讲解					
10. 我认为课堂教学中更重要的是要教给我们学习方法，而不是知识					
11. 在选择学习方法时，需要得到老师的及时指导与帮助					
12. 我认为学习方法的形成应是在老师的指导下，同伴之间相互影响的结果					
13. 在课堂中，我喜欢尝试运用多种混合的学习方法					
14. 老师经常会通过课堂评价促进我们创造力的发展					
15. 我认为自己能够在课堂上及时掌握老师所讲授的内容					
16. 我相信自己有能力在学习上取得好成绩					
17. 我主要通过老师的指导，才能完成课堂练习					

续表

项目	从不	很少	有时	经常	总是
18. 在课堂学习中，我更喜欢具有挑战性的内容，因为我可以学到许多有趣的东西					
19. 我愿意经常举手发言，主动参与课堂小组讨论					
20. 我在课堂学习中始终保持聚精会神的精神状态					
21. 在课堂上，我常常能够自主完成老师布置的练习任务					
22. 在课堂上，只要老师能听取我的想法，无论批评还是表扬我都可以接受					
23. 我善于运用课堂上老师所讲的内容解决问题					
24. 每节课上完后，我都感觉自己学到了很多有价值的东西					
25. 在课堂上，我回答完问题后，老师都会给予及时评价					

26. 你过去参加过课堂评价活动吗？　　　　　　　　（　　）

A. 从不　　　　B. 很少　　　　C. 有时　　　　D. 经常　　　　E. 总是

27. 【可多选】在课堂上，你最喜欢的评价方式是？　　　　（　　）

A. 自我评价　B. 同伴互评　C. 教师评价

28. 你认为下列人选中谁应该是更合适的课堂评价的评价者？

　　　　　　　　　　　　　　　　　　　　　　　　　　（　　）

A. 教师　　　　B. 校长　　　　C. 专家　　　　D. 同伴　　　　E. 自己

29. 你认为课堂评价结果的使用里下列哪一项最重要？　　　（　　）

A. 学生用于自我能力提高

B. 教师用于指导学生学习与发展

C. 学校用于校内评优奖先

D. 学校提供给高一级学校用于招生录取

30. 你认为课堂评价的结果应该是： （ ）

A. 分数式　　　　　　　　B. 等级式

C. 全面评语式　　　　　　D. 问题诊断式

（问卷到此结束，非常感谢您的配合，谢谢！）

附录 B 课堂评价访谈提纲（教师）

尊敬的老师：

您好！

我叫姬国君，现就职于河南大学教育学部，从事课程与教学论、教育评价研究。本次访谈是由我主持的国家社会科学基金教育学青年课题"促进初中生创造力发展的课堂评价研究"的实践需要。本研究围绕着"如何通过课堂评价促进初中生创造力发展"这一核心问题展开研究。为此，需要向您访谈一些相关问题，具体问题详见下列访谈提纲，本次访谈大约需要花费您 20 分钟时间。

作为研究者，我将秉持访谈研究的伦理要求，对访谈资料进行匿名保密处理，仅供学术研究使用，请您放心回答。谢谢！

在访谈开始之前，先对课堂评价的含义进行阐释，然后依次围绕下列问题展开访谈。课堂评价是指教师在日常教学实践层面通过观察、交流、作业、测试等手段，收集学生的学习信息，以为教和学的改进提供决策支持的基础活动。

1. 您所在的学校过去开展的课堂评价活动主要有哪些？依据的标准是什么？

2. 您认为在综合素质评价背景下高质量的课堂教学中，教师和学生应有哪些行为特征？

3. 您认为在综合素质评价背景下课堂评价标准应有哪些？

4. 您如何理解学生创造力发展与课堂评价的关系？

5. 您认为当前课堂评价中面临的最大问题与挑战是什么？

6. 您认为在综合素质评价背景下如何通过课堂评价促进初中生创造力发展？

参考文献

一 著作

〔美〕Albert Oosterhof：《开发和运用课堂评估》，谭文明、罗兴娟译，中国轻工业出版社，2006。

〔美〕埃里奥特·W. 艾斯纳：《教育想象——学校课程设计与评价》，李雁冰主译，教育科学出版社，2008。

〔美〕比尔·约翰逊：《学生表现评定手册：场地设计和前景指南》，李雁冰主译，华东师范大学出版社，2001。

〔美〕波帕姆：《促进教学的课堂评价》，国家基础教育课程改革"促进教师发展与学生成长的评价研究"项目组译，中国轻工业出版社，2003。

崔允漷主编《有效教学》，华东师范大学出版社，2009。

〔美〕Ellen Weber：《有效的学生评价》，国家基础教育课程改革"促进教师发展与学生成长的评价研究"项目组译，中国轻工业出版社，2003。

冯建军等：《现代教育原理》，南京师范大学出版社，2001。

甘自恒编著《创造学原理和方法——广义创造学》（第二版），科学出版社，2010。

高文、徐斌艳、吴刚主编《建构主义教育研究》，教育科学出版社，2008。

顾明远、边守正主编《陶行知选集》（第 2 卷），教育科学出版社，2011。

〔美〕H. 加登纳：《智能的结构》，兰金仁译，光明日报出版社，1990。

〔加〕哈罗·萨伽德：《心智：认知科学导论》，朱菁等译，上海辞书出版
社，2012。

洪汉鼎、陈治国编《知识论读本》，中国人民大学出版社，2010。

（清）黄宗羲著，陈乃乾编《黄梨洲文集》，中华书局，1959。

〔美〕霍华德·加德纳：《多元智能》，沈致隆译，新华出版社，2004。

霍力岩等：《多元智力理论与多元智力课程研究》，教育科学出版社，
2003。

蒋建洲编著《发展性教育评价制度的理论与实践研究》，湖南师范大学
出版社，2000。

经济合作与发展组织编《理解脑——新的学习科学的诞生》，周加仙等
译，教育科学出版社，2014。

〔澳〕科林·马什：《理解课程的关键概念》（第 3 版），徐佳、吴刚平
译，教育科学出版社，2009。

〔丹〕克努兹·伊列雷斯：《我们如何学习：全视角学习理论》（第 2
版），孙玫璐译，教育科学出版社，2014。

李雁冰：《课程评价论》，上海教育出版社，2002。

林崇德、杨治良、黄希庭主编《心理学大辞典》（上），上海教育出版
社，2003。

刘道玉：《创造教育概论——谈知识·智力·创造力》，湖北教育出版
社，2001。

刘经旺：《创造教育论》，商务印书馆，1933。

刘志军：《课堂评价论》，广西师范大学出版社，2002。

刘仲林：《中国创造学概论》，天津人民出版社，2001。

《马克思恩格斯全集》（第 3 卷），人民出版社，1960。

《马克思恩格斯全集》（第 1 卷），人民出版社，2012。

〔美〕Peter W. Airasian：《课堂评估：理论与实践》（第四版），徐士强
等译，华东师范大学出版社，2008。

邱章乐、鲁峰、汪明主编《创造心理学》，合肥工业大学出版社，2011。

〔美〕Ralph W. Tyler：《课程与教学的基本原理》，罗康等译，中国轻工业出版社，2008。

申国昌、史降云：《中国学习思想史》，科学出版社，2006。

沈玉顺编著《课堂评价》，北京师范大学出版社，2006。

覃兵：《课堂评价策略》，北京师范大学出版社，2010。

《陶行知全集》（第三卷），湖南教育出版社，1985。

《陶行知全集》（第一卷），湖南教育出版社，1984。

〔美〕特丽萨·M.艾曼贝尔：《创造性社会心理学》，方展画等编译，上海社会科学院出版社，1987。

王华斌：《学习学——全脑开发与学习》，清华大学出版社，2017。

王少非主编《课堂评价》，华东师范大学出版社，2013。

王杏林、曹晓东：《概念建模》，国防工业出版社，2007。

温寒江、陈爱苾：《学习学》（上下卷），教育科学出版社，2016。

温寒江：《学习与思维——学习中思维的全面协调可持续发展》，教育科学出版社，2010。

许国志主编《系统科学》，上海科技教育出版社，2000。

〔古希腊〕亚里士多德：《形而上学》，吴寿彭译，商务印书馆,1959。

杨向东、崔允漷主编《课堂评价：促进学生的学习和发展》，华东师范大学出版社，2012。

于浩主编《中学化学创新教法》，学苑出版社，1999。

袁金华主编《课堂教学论》，江苏教育出版社，1996。

袁张度、许诺编著《创造学与创新方法》，上海社会科学院出版社，2010。

〔美〕约翰·D.布兰思福特等编著《人是如何学习的：大脑、心理、经验及学校》（扩展版），程可拉等译，华东师范大学出版社，2012。

〔美〕约翰·杜威：《我们怎样思维·经验与教育》，姜文闵译，人民教育出版社，1991。

〔美〕约翰·杜威：《民主主义与教育》，王承绪译，人民教育出版社，

2001。

翟文明:《提高你的创造力》,光明日报出版社,2011。

张天宝:《主体性教育》,教育科学出版社,1999。

赵平俊主编《促进学生的主体性发展》,中国民族大学出版社,2004。

夏征农、陈至立主编《辞海》(第六版),上海辞书出版社,2009。

周耀烈主编《思维创新与创造力开发》,浙江大学出版社,2008。

朱作仁主编《创造教育手册》,广西教育出版社,1991。

庄寿强、戎志毅:《普通创造学》,中国矿业大学出版社,1997。

邹珊刚等编著《系统科学》,上海人民出版社,1987。

二 期刊论文

陈航、陈郑伟、何善亮:《面向创造力培养的项目化学习设计及影响研究》,《教学与管理》2024 年第 24 期。

程良道:《创造教育的过去与现在》,《湖北师范学院学报》(哲学社会科学版) 2001 年第 3 期。

崔允漷:《促进学习:学业评价的新范式》,《教育科学研究》2010 年第 3 期。

崔允漷、柯政:《关于普通高中学生综合素质评价研究》,《全球教育展望》2010 年第 9 期。

戴慧:《聚焦学科核心素养探索考试评价改革》,《中学政治教学参考》2018 年第 5 期。

丁念金:《教师创造力发展的文化分析》,《全球教育展望》2015 年第 2 期。

董奇、赵德成:《发展性教育评价的理论与实践》,《中国教育学刊》2003 年第 8 期。

范建伟:《困境与实施路径:核心素养融入高校公共体育课程》,《武术研究》2021 年第 10 期。

冯安然、崔浩、刘济良:《新高考改革的实际困境及其应对》,《教学与管理》2024 年第 12 期。

冯波：《客观化与物化——西美尔与马克思现代性社会分析之比较》，《哲学研究》2019 年第 11 期。

傅世侠：《科学创造方法论·序》，《自然辩证法研究》2000 年第 7 期。

耿建：《构建指向核心素养的深度课堂评价的若干思考》，《教育探索》2019 年第 4 期。

宫秀丽：《中学生创造力发展的影响因素》，《当代教育科学》2003 年第 7 期。

贾居辉：《巧设达标练习，完善目标教学》，《教学方法研究》2012 年第 74 期。

贾瑜、辛涛：《关注过程：落实综合素质评价育人目标的关键》，《中国教育学刊》2023 年第 12 期。

李进：《普通高中开展学生发展指导工作的设计与实施》，《教学与管理》2024 年第 6 期。

李静：《指向自我调节学习的学生自我评价研究述评》，《全球教育展望》2018 年第 8 期。

李蓉：《小学数学教师课堂评价语言的有效运用》，《数学学习与研究》2021 年第 26 期。

李晓东：《基于学科核心素养的思想政治课评价策略》，《中学政治教学参考》2016 年第 31 期。

李雁冰：《关于素质教育评价的理论问题》，《教育发展研究》2009 年第 24 期。

李雁冰：《论综合素质评价的本质》，《教育发展研究》2011 年第 24 期。

林崇德：《中国学生核心素养研究》，《心理与行为研究》2017 年第 2 期。

林少杰：《发展性评价的认识》，《现代教育论丛》2003 年第 6 期。

刘国清、陈欣：《陶行知创造教育思想及其现实意义》，《成都教育学院学报》2005 年第 2 期。

刘辉：《追求卓越的课堂评价之路——论指向促进学习的课堂评价》，《当代教育科学》2009 年第 24 期。

刘志军：《关于综合素质评价若干问题的思考》，《课程·教材·教法》

2016 年第 1 期。

刘志军、徐彬：《我国课堂教学评价研究 40 年：回顾与展望》，《课程·教材·教法》2018 年第 7 期。

刘仲林：《东西方创造教育的比较与前瞻》，《天津师范大学学报》（社会科学版）2011 年第 3 期。

卢明德：《创造教育的历史演进与前瞻——创造教育研究之四》，《内蒙古师大学报》（哲学社会科学版）2000 年第 2 期。

卢立涛、梁威、沈茜：《我国课堂教学评价现状反思与改进路径》，《中国教育学刊》2012 年第 6 期。

马光贤：《课堂评价：为促进学习而评》，《中国教育学刊》2024 年第 1 期。

潘小明：《基于数学核心素养的课堂教学评价再认识》，《教学与管理》2018 年第 18 期。

逄凌晖：《好的反馈让课堂评价更有效》，《中国教育学刊》2024 年第 1 期。

彭鸿喜：《物理课堂教学评价内容构想》，《当代教育科学》2012 年第 24 期。

邵朝友：《评价范式视角下的核心素养评价》，《教师发展研究》2017 年第 4 期。

申纪云：《论创造性教学与传统教学》，《教育理论与实践》1990 年第 1 期。

沈艺、郭琪琦、张海银：《STEM 课程的评价领域及学习性评价策略》，《中小学教师培训》2019 年第 4 期。

司长国：《新课程背景下中学语文课堂教学评价的思考》，《语文学刊》2013 年第 16 期。

覃兵：《教师课堂教学评价能力的缺失与培养策略》，《教育理论与实践》2011 年第 26 期。

田友谊：《创造力系统观及其对创造教育的启示》，《清华大学教育研究》2006 年第 1 期。

佟柠：《听，与锡山高中对话的声音》，《基础教育课程》2009 年第 12 期。

王芳：《社会主义敬业观的生成逻辑研究》，《改革与开放》2019 年第 13 期。

王洪席：《学生综合素质评价责任主体的认知分歧与路径澄清》，《教学与管理》2024 年第 7 期。

王少非：《课堂需要什么样的评价》，《当代教育科学》2015 年第 18 期。

王根顺、高鸽：《近 60 年来的创造力研究回顾》，《高等理科教育》2008 年第 5 期。

王艳霞：《教师要客观公正地评价学生》，《中小学教育与管理》2007 年第 7 期。

王智宁、高放、叶新凤：《创造力研究述评：概念、测量方法和影响因素》，《中国矿业大学学报》（社会科学版）2016 年第 1 期。

吴福元：《皮亚杰形式运算思维述评》，《外国心理学》1984 年第 3 期。

谢幼如、高磊、邱艺等：《智能技术赋能高质量课堂的评价创新》，《电化教育研究》2023 年第 12 期。

徐明聪：《陶行知创造教育思想及其时代意义》，《中国教育学刊》2011 年第 11 期。

徐岩、丁朝蓬、王利：《新课程实施以来学生评价改革的回顾与思考》，《课程·教材·教法》2012 年第 3 期。

杨静：《学科实践的内涵、立场逻辑及教学路向》，《教学与管理》2024 年第 17 期。

杨丽：《多元智能理论对学生评价的启示》，《教育探索》2002 年第 3 期。

杨向东：《谈课堂评价的地位与重建》，《全球教育展望》2009 年第 9 期。

张红霞、苏鑫：《综合素质评价背景下教师评价素养的缺失、探因与提升》，《当代教育与文化》2023 年第 15 期。

赵春音：《当代西方创造力研究的考察》，《科学学研究》2003 年第 4 期。

钟启泉：《课堂评价的挑战》，《全球教育展望》2012 年第 1 期。

周智慧：《发展性课堂教学评价体系探讨》，《教育探索》2010 年第 6 期。

朱莎、杨洒、李嘉源等：《智慧课堂情境的课程核心素养评价范式》，

《开放教育研究》2024 年第 30 期。

祝新华：《促进学习评估中的反馈的效能及其提升策略》，《课程·教材·教法》2011 年第 4 期。

邹权伟：《注重小学数学教学中的创新灵感培养》，《中国教育学刊》2017 年第 7 期。

三 外文资料

Airasian，P.，*Classroom Assessment: Concepts and Applications*（New York：McGrawHill，Inc.，1994）.

Amabile，T. M.，"A Model of Creativity and Innovation in Organization"，*Research in Organizational Behavior* 10（1），1988.

Amabile，T. M.，Conti，R.，Coon，H.，Lazenby，J.，Herron，M.，"Assessing the Work Environment for Creativity"，*Academy of Management Journal* 39（5），1996.

Amabile，T. M.，"The Social Psychology of Creativity：A Componential Conceptualization"，*Journal of Personality and Social Psychology* 45（2），1983.

Arter. J.，Chappuis，J.，*Creating and Recognizing Quality Rubrics*（Portland Oregon Pearson，2006）.

Berry，R.，*Assessment for Learning*（Hong Kong University Press，2008）.

Black，P.，Harrison，C.，Lee，C.，Marshall，B.，William，D.，*Working Inside the Black Box: Assessment for Learning in the Classroom*（London：NFER Nelson，2002）.

Board of Studies NSW，*Science Years 7-10 Syllabus*（Sydney，NSW：Board of studies NSW，2003）.

Brookhart，S. M.，*How to Give Effective Feedback to Your Student*（Alexandria，VA：ASCD，2008）.

Cowie，B.，Bell，B.，"A Model of Formative Assessment in Science Education"，*Assessment in Education* 6（1），1999.

Csikszentmihalyi, M. , *Creativity: Flow and the Psychology of Discovery and Exploration* (New York: Harper Perennial, 1996).

Davidson, J. E. , Sternberg, R. J. , "What Is Insight?", *Educational Horizons* 64 (4), 1986.

Drummond, M. , *Assessing Children's Learning* (London: David Fulton, 2003).

Eisner, E. W. , "Reshaping Assessment in Education: Some Criteria in Search of Practice", *Journal of Curriculum Studies* 25 (3), 1993: 100.

Guskey, T. , "Making Standards Work", *The School Administrator* (9), 1999.

Heritage, M. , Kim, J. , Vendlinski, T. , Herman, J. , "From Evidence to Action: A Seamless Process in Formative Assessment?", *Educational Measurement: Issues and Practice* 28 (3), 2009.

Larry, A. , *Unwrapping the Standards: A Simple Process to Made Standards Manageable* (Englewood: Learning Press, 2003).

Marsh, C. , *Planning, Management & Ideology: Key Concepts for Understanding Curriculum* (London: Falmer Press, 1997).

Perrenoud, P. , "Formative Evaluation to a Controlled Regulation of Learning: Towards a Wilder Conceptual Field", *Assessment in Education: Principles, Policy & Practice* 5 (1), 1998.

Pinar, W. F. , Irwin, R. L. , *Curriculum in a New Key: The Collected Works of Ted T. Aoki* (New Jersey: Lawrence Erlbaum Associates, Inc. 2005).

Popham, W. , "Why Assessment Illiteracy is Professional Suicide", *Educational Leadership* 62 (1), 2004.

Sadler, D. , "Formative Assessment and the Design of Instructional Systems", *Instruction Science* 18 (2), 1989.

Santos, L. , Pinto, J. , "Is Assessment for Learning Possible in Early School Years?", *Procedia Social and Behavioral Sciences* 12, 2011.

Sternberg, R. J., Lubart, T. I., "An Investment Theory of Creativity and Its Development", *Human Development* 34 (1), 1991.

Sternberg, R. J., Lubart T. I., *The Concept of Creativity: Prospects and Paradigms*, *Handbook of Development* (New York: Cambridge University Press, 1999).

Sternberg, R. J., "The Nature of Creativity", *Creativity Research Journal* 18 (1), 2006.

Stiggins, R., Aeter, J., Chappuis, J., Chappuis, S., *Classroom Assessment for Student Learning: Doing It Right-Using It Well* (Portland, OR: ETS Assessment Training Institute, 2004).

Stiggins, R., "New Assessment Beliefs for a New School Mission", *Phi Delta Kappan* 86 (1), 2004.

Swaffield, S., "Getting to the Heart of Authentic Assessment for Learning", *Assessment in Education: Principles, Policy & Practice* 18 (4),2011.

The Center for Comprehensive School Reform and Improvement, "Using Classroom Assessment to Improving Teaching", March 10, 2012, http://www. centerforcsri.

Wang, S., Wu, P., "The Role of Feedback and Self-Efficacy on Web-Based Learning: The Social Cognitive Perspective", *Computers & Education* 51 (4), 2008.

Wiggins, G., *Educative Assessment* (San Francisco: Jossey-Bass, 1998).

Wiggins, G., "Moving to Modem Assessments", *Phi Delta Kappan* 92 (7), 2011.

四 其他

《白云帆: 脑科学与基础教育改革创新》, 教育之声网, 2013 年 4 月 25 日, http://www. cedcm. com. cn/html/2013/teyuepinglun_0425/10222. html。

豆雨松:《教师课堂评价任务设计和使用研究》, 硕士学位论文, 华东师范大学, 2011。

"德尔菲法"条目，360 百科，https://baike. so. com/doc/5395050-5632202. html。

简红江：《国内外创造学发展比较研究》，博士学位论文，中国科学技术大学，2012。

《教育部关于印发义务教育语文等学科课程标准（2022 年版）的通知》，中华人民共和国教育部网站，2022 年 3 月 25 日，http://www. moe. gov. cn/srcsite/A26/s8001/202204/t20220420_619921. html。

《教育部关于加强和改进普通高中学生综合素质评价的意见》，中华人民共和国教育部网站，2014 年 12 月 10 日，http://www. moe. gov. cn/srcsite/A06/s3732/201808/t20180807_344612. html。

刘辉：《促进学习的课堂评价结果处理研究》，博士学位论文，华东师范大学，2010。

王欣：《基于核心素养的思想政治课堂教学评价研究》，硕士学位论文，哈尔滨师范大学，2019。

赵士果：《促进学习的课堂评价研究》，博士学位论文，华东师范大学，2013。

郑东辉：《教师评价素养发展研究》，博士学位论文，华东师范大学，2009。

图书在版编目（CIP）数据

课堂评价与初中生创造力发展 / 姬国君著 . -- 北京：
社会科学文献出版社，2025.2. -- ISBN 978-7-5228
-4782-5

Ⅰ . G632.0

中国国家版本馆 CIP 数据核字第 2025254HP0 号

课堂评价与初中生创造力发展

著　　者 / 姬国君

出 版 人 / 冀祥德
组稿编辑 / 恽　薇
责任编辑 / 孔庆梅
文稿编辑 / 陈彩伊
责任印制 / 王京美

出　　版 / 社会科学文献出版社 · 经济与管理分社（010）59367226
　　　　　 地址：北京市北三环中路甲 29 号院华龙大厦　邮编：100029
　　　　　 网址：www.ssap.com.cn
发　　行 / 社会科学文献出版社（010）59367028
印　　装 / 三河市龙林印务有限公司

规　　格 / 开本：787mm×1092mm　1/16
　　　　　 印张：12.75　字数：188 千字
版　　次 / 2025 年 2 月第 1 版　2025 年 2 月第 1 次印刷
书　　号 / ISBN 978-7-5228-4782-5
定　　价 / 98.00 元

读者服务电话：4008918866